ELISABETH FLEUCHAUS

# Blühender Garten

ÜBER 15 EINFACHE
BEET-IDEEN ZUM
NACHMACHEN

ELISABETH FLEUCHAUS

# Blühender Garten

ÜBER 15 EINFACHE BEET-IDEEN ZUM NACHMACHEN

# Inhalt

Lassen Sie sich inspirieren: Hier finden Sie Beet-Ideen, die Ihren Garten schöner machen.

# Inhalt

Zehn Ideen für mehr Blütenfülle
So finden Sie sich in diesem Buch zurecht   6

## Beet-Ideen

**1** Der Vorgarten in Nordlage ✽✽   8
Duftende Blüten im Winter, Dauerflor im Sommer. Auch ein schattiger Vorgarten wird mit den richtigen Pflanzen zum Schmuckstück.

Das braucht der Gärtner   22

**2** Ein Topfbeet auf der Terrasse ✽✽   24
Schöne Gefäße mit bunten Sommerblumen bepflanzt, verwandeln die sonnige Terrasse in ein Blütenmeer.

So pflanzen Sie richtig   38

**3** Bunter Start in den Frühling ✽✽✽   40
So wird die Forsythie noch aufgewertet: Zwiebelblumen und Frühlingsblüher machen sie zum Mittelpunkt eines bunten Frühlingsbeetes.

**4** Rosige Zeiten für den Garten ✽✽   52
Rosen-Hochstämmchen sind allein schon eine Zierde. Unterpflanzt mit vielen bunten Gartenblumen, ziehen sie garantiert alle Blicke auf sich.

Lernen Sie die Bodenarten kennen   66

**5** Gartentraum in sattem Pink ✽✽   68
Ein Rausch der Blüten – und trotzdem pflegeleicht? In der Wiese entsteht ein formen- und farbenreiches Bild aus Blumen der Prärie.

**6** Blumenpracht unter Gehölzen ✽   82
Unter dem Hausbaum wird es grün: Farne, Gräser und Schattenstauden wachsen auch im tiefen Schatten.

Häufige Unkräuter im Garten   94

**7** Blütenträume aus der Tüte ✽   96
Eine Blumenmischung zum Aussäen erweckt ein leeres Gemüsebeet im Handumdrehen zu neuem Leben.

**8** Mediterranes Flair im Kiesbeet ✽✽   108
Die Südwand des Hauses ist die wärmste, trockenste Ecke im Garten. Im blanken Kies gedeihen hier mediterrane Gartenblumen.

Gartenblumen selbst vermehren   120

**9** Ein Weidentipi im Cottagebeet ✽✽   122
Vielfalt auf engem Raum: Im Cottagebeet wachsen Blumen, Gemüse und Kräuter. Ein Weidenzelt, umrankt mit Prunkwinden, ist die Attraktion.

Häufige Krankheiten und Schädlinge   134

**10** So blüht die Wand richtig auf ✽✽   136
Die Wand des Werkzeugschuppens verwandelt sich in ein Blütenmeer: Kletterrosen und Clematis blühen in luftiger Höhe um die Wette.

## Anhang
Blühkalender   150
Register   152
Adressen/Literatur   156

Level   leicht ✽   mittel ✽✽   anspruchsvoll ✽✽✽

# Zehn Ideen für mehr Blütenfülle

**Locker schwingende** Gräserhalme und bunte Blüten zaubern Herbststimmung in den Garten. Besonders lange blüht die rötliche Sonnenbraut.

**Sie möchten Ihren** Garten überall zum Blühen bringen. An sonnigen und nicht zu trockenen Standorten geht das relativ einfach. Was ist aber mit dem schattigen Vorgarten auf der Nordseite Ihres Hauses? Oder mit dem Standort an der Mauer, an dem es im Sommer extrem warm und trocken ist? Dies sind Gartensituationen, für die es ganz bestimmte Pflanzen gibt – man muss sie nur kennen und wissen, wie man sie geschickt kombiniert, richtig pflanzt und pflegt.

## Gartenlust leicht gemacht

Die zehn Beet-Ideen in diesem Buch decken alle schwierig zu bepflanzenden Standorte im Garten ab. Sie sind auch von einem Hobby-Gärtner mit geringen Vorkenntnissen leicht nachzumachen, da es sich um kleine Gartensituationen mit einer begrenzten Pflanzenauswahl handelt. Schon im Inhaltsverzeichnis erkennen Sie anhand der Anzahl der Blümchen den Schwierigkeitsgrad der Pflanzung. Steigen Sie einfach einmal mit einer „Ein-Blümchen-Pflanzung" in die Verschönerung Ihres Gartens ein und folgen Sie den Pflanzplänen und Schritt-für-Schritt-Anleitungen im Buch. Sie werden sehen, das geht ganz einfach. Jede Pflanzung ist nach dem gleichen Schema aufgebaut:

▶ Das **ganzseitige Foto** zu Beginn des Kapitels zeigt die Pflanzung.

▶ In der **Beet-Idee** wird die Pflanzung kurz vorgestellt. Im Pflanzplan sind die verwendeten Pflanzen für die vorgesehene Beetgröße eingetragen. Sie können die Skizze 1:1 übernehmen. Die Kurzinfo gibt Ihnen einen schnellen Überblick über Größe des Beetes, beste Pflanzzeit, Standort und Bodenbedingungen sowie die Zeit, die Sie zum einen für die Anlage, zum anderen für die Pflege benötigen.

Hier finden Sie auch eine detaillierte Einkaufsliste, die Ihnen die Vorbereitung der Arbeit erleichtert. Neben Material und Zubehör sind darin alle Pflanzen aufgeführt, die Sie für die Beetanlage benötigen. Die empfohlenen Pflanzen sind robust und pflegeleicht und entstammen dem gängigen Sortiment der Gartenfachgeschäfte, Baumschulen und Staudengärtnereien. Wenn es keinen Fachbetrieb in Ihrer Nähe gibt, können Sie die Pflanzen aber auch ganz bequem im Internet bestellen (→ Adressen Seite 157).

In der Pflanzenliste finden Sie sowohl den gängigen deutschen als auch den botanischen Namen der Pflanze. Beim Pflanzeneinkauf im Fachgeschäft sollten Sie beide Namen dabeihaben: Der botanische Name ist eindeutiger als der – regional manchmal unterschiedliche – deutsche Name, und Ihr Gärtner kennt sich mit den botanischen Namen bestens aus. Halten Sie sich an die angegebenen Stückzahlen.

▸ In der folgenden **Anlagebeschreibung** erfahren Sie, wie Sie vorgehen, um z. B. ein blühendes Beet im Schatten anzulegen, oder wie Sie zu einem pflegeleichten Blumenbeet mit Präriepflanzen kommen. Viele erprobte Tricks und Kniffe erleichtern Ihnen die Arbeit und garantieren den Erfolg. Lassen Sie sich durch die Schritt-für-Schritt-Anleitung in Wort und Bild führen. So ganz nebenbei lernen Sie dann bei der Arbeit wichtige gärtnerische Grundtechniken kennen und beherrschen.

▸ In den **Pflanzen-Porträts** stellen wir die ausgewählten Pflanzen der Beet-Idee näher vor. Neben Informationen zu Höhe, Blütezeit und wichtigen Eigenschaften wie Duft, Winterhärte oder Blattschmuck zeigen Fotos die besondere Schönheit der Blüten, Blätter oder Früchte. Der Schwerpunkt der Pflanzungen liegt eindeutig beim Thema „Blüte". Daher besteht der größte Teil des verwendeten Pflanzensortiments aus ein- und mehrjährigen Blütenpflanzen, die durch eine lange und üppige Blüte überzeugen.

▸ In den **Pflege-Tipps** finden Sie wertvolle Hinweise, welche Arbeiten im Anschluss an die Beetanlage anfallen. Hier sind alle wichtigen Pflegemaßnahmen, die in der Anwachsphase und – nach Jahreszeiten geordnet – in den folgenden Jahren nötig sind, aufgeführt. Sie werden feststellen, dass sich der Pflegeaufwand aller hier vorgestellten Projekte im Laufe der Zeit auf ein Minimum reduziert.

▸ Für manche Beet-Idee wie den Vorgarten in Nordlage, das Topfbeet auf der Terrasse oder das Frühlingsbeet unter der Forsythie gibt es auch noch eine **Beet-Variante** mit anderen Pflanzen und einer anderen Beetaufteilung.

Zwischen den einzelnen Projekten finden sich Sonderseiten zu allgemeinen Gartenthemen. Hier erfahren Sie, welche Werkzeuge zum Gärtnern unbedingt notwendig sind, wie Sie richtig pflanzen oder Ihre Gartenblumen selbst vermehren. Sie lernen, die verschiedenen Bodenarten zu erkennen, und sehen, welche Unkräuter, Krankheiten und Schädlinge häufig im Garten angetroffen werden können und was Sie dagegen unternehmen können bzw. sollten.

Lassen Sie sich von unseren Beet-Ideen und den Pflanzenvorschlägen animieren. „Learning by doing" lautet die Devise! Sie werden sehen, wie schön Gartenarbeit sein kann und dass Ihnen so manches gelingt, was Sie vorher nicht für möglich gehalten hätten.

**Dieses prachtvolle** Sommerblumenbeet erhält seinen Reiz aus der Kombination lebhafter Blütenfarben und unterschiedlicher Blüten- und Blattgrößen und -formen.

*Da staunt die Nachbarin...*

BLÜTENPRACHT IM
VORGARTEN - TROTZ NORDSEITE?
KEIN HEXENWERK: MIT DEN RICHTIGEN
PFLANZEN UND EINEM TRICK BLÜHT
AUCH IHR SCHATTIGER VORGARTEN - UND
ZWAR DAS GANZE JAHR.

# Der Vorgarten in Nordlage

**1**

# 1 DER VORGARTEN IN NORDLAGE

# Freundlicher Empfang in Rot und Grün

## Das braucht man dazu:

**PFLANZEN**

a) 5 x Blutstorchschnabel
*Geranium sanguineum* 'Max Frei'

b) 6 x Fleißiges Lieschen
*Impatiens walleriana* in Sorten

c) 2 x Fuchsien-Hochstämmchen
*Fuchsia*-Hybride

d) 3 x Japanische Azalee
*Rhododendron obtusum* 'Maruschka'

e) 12 x Männertreu
*Lobelia erinus* in Sorten

f) 1 x Winterschneeball mit Ballen
*Viburnum bodnantense* 'Dawn'

**ZUBEHÖR**

Schubkarre, Spaten, Grabegabel, Blumenerde, 3 Pflanzkästen (40 x 17,5 cm), evtl. Sand oder Bentonit

## KURZINFO

| | |
|---|---|
| Anlage | Oktober und Mai |
| Standort | schattig |
| Bodentyp | lehmig-sandig |
| Beetgröße | 3 x 2 m |
| Zeitbedarf | 4 Std. im Oktober, 2 Std. im Mai |
| Pflegebedarf | 1 Std./Woche |
| Level | ✽✽ |

**Der Vorgarten ist** die Visitenkarte des Hauses. Er liegt im Blickfeld, wenn Sie das Haus verlassen oder heimkommen. Gäste, Freunde, Verwandte werden hier begrüßt und verabschiedet. Vorbeigehende Passanten werfen neugierige Blicke über den Gartenzaun: Wie haben die denn ihren Vorgarten angelegt? Was blüht denn da? Der Vorgarten sollte also repräsentativ und möglichst ganzjährig attraktiv sein.

Nun ist ein Vorgarten, der im Schatten liegt, dem Anschein nach nicht für ein Blütenparadies prädestiniert. Schöne und üppig blühende Pflanzen wie Rosen, Rittersporn, Krokus und Tulpen sind Sonnenkinder und nicht für die Nordseite geeignet. Hier schaut die Sonne nur morgens und abends für kurze Zeit vorbei, den Rest des Tages liegen die Beete im Schlagschatten des Hauses. Zum Glück gibt es aber auch blühende Pflanzen, die genau diese Situation lieben oder zumindest doch vertragen: keine direkte Sonneneinstrahlung, aber doch genug Lichteinfall von oben und von der Seite, so dass kein tiefer Schatten wie unter großen Bäumen entsteht. Wer sich da auskennt, der kann auch auf der Nordseite mit Blütenpracht aufwarten.

# Die Beet-Idee

## Blüten – das ganze Jahr hindurch

Holen Sie sich schon im Winter einen Hauch von Frühling vors Haus: Der Flor des Winterschneeballs (*Viburnum bodnantense* 'Dawn') beginnt im November und endet erst im April. Die Blüten verströmen besonders an warmen Wintertagen einen wohlriechenden Duft – davon kann man in dieser Jahreszeit ja gar nicht genug bekommen! Machen Sie diesen attraktiven Strauch zum Mittelpunkt Ihres Vorgartenbeetes. Mit seinem schlanken Wuchs und der stattlichen Größe eignet er sich bestens als Solitär – besonders im Vorgarten. Hier wie nirgendwo sonst im Garten haben Sie Gelegenheit, die porzellanrosa Blüten zu bewundern und den süßen Duft zu genießen. Zwar bevorzugt der Strauch einen sonnigen Platz, er wächst und blüht aber auch willig an schattigeren Standorten. Unterpflanzen Sie den Schneeball mit ausdauerndem Blutstorchschnabel und der winterharten Japanischen Azalee. Die Azalee ist im Mai mit leuchtend rosaroten Blüten bedeckt, der Blutstorchschnabel öffnet im Juni seine zahlreichen pinkfarbenen Blüten.

Im Sommer können Sie Ihren Vorgarten dann mit schattenliebenden Sommerblumen aufblühen lassen. Die Auswahl ist zwar klein, aber fein: Fuchsien-Hochstämmchen, unterpflanzt mit einigen Fleißigen Lieschen und Männertreu, sorgen für üppig bunten Flor von Mai bis Oktober. Da diese Sommerblumen frostempfindlich sind, kommen sie erst nach den Eisheiligen (Mitte Mai) in den Vorgarten. Setzen Sie die Pflanzen aber nicht einfach aus dem Topf heraus zwischen die bereits vorhandenen Gewächse in den Vorgarten. Zum einen könnten Sie dadurch die Wurzeln von Schneeball, Storchschnabel und Azalee verletzen. Zum anderen können sich die Sommerblumen in dem Wurzelgeflecht der dauerhaften Pflanzen nicht so recht entwickeln.

Wenden Sie stattdessen einen bewährten Trick an: Versenken Sie Blumenkästen bis zur Oberkante in der Erde. Füllen Sie diese mit guter Blumenerde und pflanzen Sie dahinein Ihre schattenliebenden Sommerblumen.

Innerhalb der eingesenkten Kästen können Sie die Bepflanzung je nach Saison wechseln, ohne die Dauerpflanzung im Beet zu stören. Fleißige Lieschen und Männertreu sind einjährige Pflanzen, d. h., sie werden am Ende ihrer Blühsaison entsorgt. Die Kästen müssen jetzt aber nicht leer bleiben. Auch im Spätjahr hält der Gärtner schöne Blütenpflanzen für Sie bereit. Wie wäre es z. B. mit fröhlich bunten Hornveilchen? Hornveilchen sind die kleinblütigen Geschwister unseres Garten-Stiefmütterchens. Wie die Stiefmütterchen können sie über Winter draußen bleiben. Wenn der Winter recht mild ist, blühen die kleinen Veilchen sogar durch. Bei Frost und Schnee halten sie zwar tapfer durch, stellen dann allerdings das Blühen vorübergehend ein. Fuchsien-Hochstämmchen sind im Freien nicht winterhart. Da sie ja nicht ganz billig waren und auch von Jahr zu Jahr schöner und größer werden, sollten Sie sie vor dem ersten Kälteeinbruch frostfrei überwintern (→ Seite 19).

Übrigens: Diese schöne Kombination für den Vorgarten können Sie auch an einen schattigen Sitzplatz oder eine nordseitige Terrasse pflanzen.

**DER VORGARTEN IN NORDLAGE**

# SO KOMMT FARBE IN IHREN VORGARTEN

**Mal angenommen,** Sie legen ein Beet in Ihrem nordseitigen Vorgarten neu an. Pflanzen Sie als Blickfang zunächst den Winterschneeball. Damit von Anfang an ein optisch ansprechendes Bild entsteht, sollten Sie hier nicht kleckern, sondern klotzen. Der Winterschneeball wächst nur langsam heran, gönnen Sie sich deshalb einen schon größeren Strauch aus der Baumschule.
Ein mit Sorgfalt als Einzelpflanze herangezogener Solitärstrauch kostet zwar einiges mehr, die Freude an dem schönen großen Exemplar macht den höheren Preis aber mehr als wett. Ich empfehle Ihnen eine Strauchgröße von 120–150 cm. Fahren Sie im Oktober – jetzt ist die beste Pflanzzeit für den Strauch – in die Baumschule und suchen sich „Ihren" Blickfang für den Vorgarten aus. Besorgen Sie sich in diesem Zuge auch gleich die Azaleen und den Blutstorchschnabel.

### Sicher transportieren

Die Gärtner graben den ausgewählten Strauch mit Ballen aus. Dazu stechen sie mit dem Spaten rund um die Grundtriebe herum, so dass ein kugelförmiger Ballen entsteht und die empfindlichen Wurzeln vor dem Austrocknen geschützt sind. Anschließend wird ein Tuch aus Jute oder ähnlichem Material um den Ballen gebunden, damit der Ballen während des Transportes zusammenhält. Das Tuch verrottet in kurzer Zeit in der Erde und kann daher beim Pflanzen um den Ballen herumbleiben, es muss lediglich oben aufgebunden werden. Lassen Sie sich den Strauch noch mit Schnur zusammenbinden, damit beim Transport nichts abbricht oder eingeklemmt wird.

▸ Heben Sie zu Hause das Gehölz vorsichtig aus dem Auto und lagern es seitlich der vorgesehenen Pflanzstelle im Schatten. Bei sonnigem, windigem Wetter sollten Sie den Ballen etwas anfeuchten und mit einem alten Tuch abdecken, damit er nicht austrocknet.

▸ Bevor Sie mit dem Pflanzen beginnen, sollten Sie zunächst die Pflanzstellen festlegen. Pflanzen Sie nicht zu dicht, damit sich die einzelnen Pflanzen ihrem Wuchs entsprechend auch gut ausbreiten können. Lassen Sie genügend Platz für die Blumenkästen der Wechselbepflanzung.

### Bereiten Sie den Boden gut vor

Das A und O für gutes Gedeihen der eingesetzten Pflanzen ist eine sorgfältige Bodenvorbereitung! Dabei steht die Bodenlockerung an allererster Stelle. Gerade bei neu angelegten Gärten ist das Erdreich oft von den Baumaßnahmen verdichtet.

## Die richtige Anlage

**1 Pflanzloch ausheben:** Heben Sie das Pflanzloch für den Schneeball tief aus, und lockern Sie die Sohle des Pflanzloches noch zusätzlich mit Spaten oder Grabegabel auf.

- Heben Sie das Pflanzloch für den Schneeball tief aus und lockern Sie die Sohle zusätzlich noch auf. Jetzt können Sie sicher sein, dass Gieß- und Regenwasser zügig abfließen und keine Staunässe entsteht.
- Geben Sie auf keinen Fall Kompost ins Pflanzloch! Er würde in den tieferen Bodenschichten anfangen zu faulen. Auch Dünger ist beim Pflanzen nicht sinnvoll. Der Strauch ist in Ruhestellung und hat wenig Faserwurzeln, um Wasser und Nährstoffe aufzunehmen.
- Lockern Sie schwere Lehmböden mit grobem Sand. „Verfestigen" Sie sandige Böden mit einer kräftigen Portion Bentonit.

Wenn der Schneeball gepflanzt ist, können Sie die Azaleen und Blutstorchschnäbel einsetzen. Wie aus der Pflanzskizze ersichtlich, können Sie die Storchschnäbel ruhig dicht an den Schneeball pflanzen. Sie sind sehr robust und vertragen auch den Wurzeldruck größerer Gehölze. Der Azalee ist es so dicht am Schneeball – vor allem im Hochsommer – zu trocken. Sie steht darum in weitem Abstand zum Schneeball. Auch hier sollte der Boden gut gelockert sein.

- Die Topfballen vor dem Pflanzen grundsätzlich in Wasser tauchen.
- Auch Azalee und Storchschnabel nicht „versenken", sondern bündig mit der Erdoberfläche pflanzen.
- Nach dem Einsetzen die Pflanzen andrücken und angießen.

Nach dem ersten Frost können Sie den Storchschnabel bis zum Boden herunter abschneiden. Er treibt im Frühjahr wieder frisch aus. Die Azaleen werden nicht geschnitten. So können alle Pflanzen in den Winter gehen.

Mit Beginn des Frühjahrs wässern Sie vor allem den Schneeball bei längerer Trockenheit. Gießen Sie besser einmal richtig (3–4 Gießkannen) als jeden Tag ein bisschen. Im Mai können Sie dann die Blumenkästen – wie in der Bildfolge beschrieben – im Boden versenken und bepflanzen.

**2 Solitär einsetzen:** Stellen Sie den Schneeball bündig mit der Erdoberfläche in das Pflanzloch. Knoten Sie dann das Ballentuch auf und schlagen es zur Seite. Es verrottet mit der Zeit im Boden.

**DER VORGARTEN IN NORDLAGE**

**4 Gießrand formen:** Formen Sie aus dem Rest des Aushubs rund um das Pflanzloch einen kleinen Wall (ca. 10 cm hoch) – den so genannten Gießrand. Er sorgt dafür, dass das Gießwasser langsam einsickert und nicht seitlich wegläuft.

**3 Erde einfüllen:** Füllen Sie nun den zur Seite gelegten Aushub in das Pflanzloch: zuerst die untere Bodenschicht, dann einen Teil der oberen. Wenn das Pflanzloch aufgefüllt ist, drücken Sie die Erde ringsherum vorsichtig mit dem Spaten an den Ballen heran.

**5 Einschlämmen:** Schlämmen Sie den Ballen nun ein, entweder mit dem Strahl der Gießkanne oder mit dem Schlauch. Wichtig ist, dass sich die Erde setzt und Luftlöcher sich schließen.

**6 Kasten einsenken:** Heben Sie mit dem Spaten Löcher aus, die etwas größer als die Blumenkästen sind, so dass sie gut eingesenkt werden können. Vergewissern Sie sich vorher, dass die Kästen mehrere Löcher am Boden haben, damit Gieß- und Regenwasser auch abfließen können.

Die richtige Anlage

**7 Erde ebnen:** Ziehen Sie mit den Händen oder einer kleinen Schaufel die ausgehobene Erde an die Kästen heran, so dass die Oberkanten eben mit der Umgebung sind. Füllen Sie die Kästen dann mit Blumenerde auf.

*Zum Angießen einer Pflanze die Tülle abnehmen, damit die Erde gut eingeschlämmt wird.*

**8 Blumen einsetzen:** Pflanzen Sie die gut gewässerten und ausgetopften Sommerblumen so in die Kästen, dass die Ballenoberfläche mit der Bodenoberfläche abschließt. Drücken Sie die Erde vorsichtig seitlich an die Ballen an.

# 1 DER VORGARTEN IN NORDLAGE

## BLÜTENPFLANZEN, DIE NICHT VIEL SONNE BRAUCHEN

**1**

*1* Blutstorchschnabel
*Geranium sanguineum* 'Max Frei'

BLÜTEZEIT: Mai – Juni, HÖHE: ca. 15 cm
Mehrjähriger, **winterharter Bodendecker**. Robust, verträgt Wurzeldruck und Trockenheit hervorragend und kann daher dicht an Sträucher und Bäume gepflanzt werden. Anspruchslos, was den Boden betrifft, aber empfindlich gegen zu viel Nässe. Die Blätter färben sich im Herbst flammend rot und sterben dann ab.

**2** Fleißiges Lieschen
*Impatiens walleriana*

BLÜTEZEIT: Mai – Oktober, HÖHE: ca. 30 cm
Einjährige, buschig wachsende Sommerblume. Liebt es kühl und dunkel und bringt Blüte und Farbe in schattige Gartenpartien. Regelmäßiges Gießen und Düngen sorgt für pausenlose Blüte. Immer für guten Wasserabzug sorgen! **Kälteempfindlich,** erst nach den Eisheiligen pflanzen.

**3** Fuchsie
*Fuchsia*-Hybride

BLÜTEZEIT: Mai – Oktober, HÖHE: ca. 100 cm
Buschige Sommerblume (ca. 40 cm hoch) oder Hochstamm. In verschiedenfarbigen Sorten erhältlich. Mehrjährig, aber **nicht winterhart**. Am besten im Kübel in hochwertiger Blumenerde zu halten. Verträgt auch mehr Sonne, unbedingt aber vor praller Mittagssonne schützen. Nur abends und morgens gießen. Nicht gießen, wenn die Blätter wegen Hitze schlaff herunterhängen. Frostfrei überwintern.

Sonne  Halbschatten  Schatten  Ein-/Zweijährige  winterhart

Pflanzen-Porträts

**4** Japanische Azalee
*Rhododendron obtusum* 'Maruschka'

BLÜTEZEIT: Mai – Juni, HÖHE: ca. 45 cm
Immergrüner, langsamwüchsiger Kleinstrauch. **Besonders reich blühende Sorte.** Die kleinen sattgrünen Blätter färben sich über Herbst und Winter bronzefarben. Liebt lockeren, stets feuchten Boden und ist dankbar für eine dünne Mulchschicht aus Rinde oder Torf.

**5** Männertreu
*Lobelia erinus*

BLÜTEZEIT: Mai – Oktober, HÖHE: ca. 20 cm
Einjährige Sommerblume, buschig und kompakt mit zierlichem Laub und Blüten. Neigt zu Blühpause, besonders nach Trockenschäden, daher **gleichmäßig feucht** halten. Auch für sonnigere Standorte geeignet, verträgt Hitze aber nur schlecht. Nach Hitzeschäden weit zurückschneiden. Eine gruppenweise Pflanzung im Beet erhöht die Wirkung.

**6** Winterschneeball
*Viburnum bodnantense* 'Dawn'

BLÜTEZEIT: November – April, HÖHE: bis 3 m
Langsamwüchsiger Strauch, der mit seinen aufrechten Grundästen eine trichterförmige Gestalt entwickelt. Die grünen, rot gestielten Blätter färben sich im Herbst rotbraun und verströmen beim Zerreiben einen würzigen Duft. Schon vor dem Laubfall öffnen sich die ersten, **süß und fruchtig** duftenden Blüten. In milden Wintern blüht der Schneeball durch, die Hauptblütezeit liegt jedoch im März/April. Längere Trockenheit verträgt der Winterschneeball nur ganz schlecht. Schnitt ist nur im Ausnahmefall nötig; auch größere Schnittmaßnahmen werden aber gut vertragen.

Duft    essbar    Schnittblume    giftig    pflegeleicht

# 1 DER VORGARTEN IN NORDLAGE

## DAMIT ES VOM FRÜHJAHR BIS ZUM WINTER BLÜHT

**1 Für zweiten Flor sorgen:** Schneiden Sie verblühte Männertreu kräftig zurück. Halten Sie mit einer Hand die Pflanze zusammen, die andere Hand kürzt die Pflanze um die Hälfte ein.

**2 Samenansätze entfernen:** Zupfen Sie die Früchte der Fuchsie regelmäßig ab. Halten Sie dabei den Trieb fest, damit er nicht abbricht.

**Alle Pflanzen** für den schattigen Vorgarten sind nun in der Erde und können bei der guten Vorbereitung flott wachsen und üppig blühen. Die Beetanlage ist insgesamt recht pflegeleicht, einige Handgriffe sind aber doch zu machen.

### FRÜHJAHR

Lockern Sie mit Beginn des Frühjahrs regelmäßig die Erde oberflächlich mit dem Krail auf – das erhält die Bodenfeuchtigkeit. Entfernen Sie bei dieser Gelegenheit gleich auch eventuell aufkommendes Unkraut.
Wässern Sie bei anhaltender Trockenheit den **Winterschneeball** und die anderen Dauerpflanzen durchdringend. Gießen Sie lieber einmal in

**3 Zweige entfernen:** Wenn Zweige des Schneeballs auf den Weg oder Gehsteig wachsen, müssen sie entfernt werden. Setzen Sie dafür die Schere direkt am Ansatz des Zweiges an. Es sollten keine Stummel stehen bleiben. Auch abgestorbenes Holz sollte ausgeschnitten werden.

## Pflege-Tipps

**4 Sommerblumen entfernen:** Wenn sie etwas angetrocknet sind, können Sie die Sommerblumen ganz leicht mitsamt der durchgewurzelten Erde aus dem Kasten heben.

### HERBST

Je nach Witterung hält sich der Flor der Sommerblumen bis Ende November. Erst der erste Nachtfrost macht der Pracht ein Ende. Sie können nun die erfrorenen Pflanzen direkt am Boden abschneiden. Der Kasten kann so in den Winter gehen und ist geschützt. Sie können aber auch Anfang Oktober für Wechsel sorgen (→ Abb. 4 und 5) und es weiterblühen lassen: Entfernen Sie die **Fleißigen Lieschen** aus den Kästen und pflanzen dafür Hornveilchen – Sie glauben gar nicht, wie viel Freude diese Pflanzen im Herbst und Frühjahr machen! Nehmen Sie vor dem ersten Frost die **Fuchsien** aus dem Boden und schneiden Sie die Triebe beherzt bis auf ca. 10 cm lange Stummel zurück. Bringen Sie die Pflanzen dann frostfrei unter. Achten Sie darauf, dass die Erde nie ganz austrocknet. Mehr Pflege ist nicht nötig.

der Woche richtig als jeden Tag nur ein bisschen. 30 Liter pro Quadratmeter – also drei große Gießkannen –, so viel sollte es mindestens sein.

### SOMMER

Ende Juli können Sie die Bewässerung der Dauerbepflanzung einstellen. Lediglich die **Azaleen** sind auch in den nächsten Jahren für zusätzliche Wassergaben bei Trockenheit dankbar. Wenn Sie zwischen den Dauerpflanzen mit Rinde mulchen, hält das zum einen die Feuchtigkeit im Boden, zum anderen Unkraut fern. Gießen Sie die Sommerblumen in den Kästen regelmäßig. Geben Sie immer eine kleine Menge Flüssigdünger ins Gießwasser (→ Seite 35). So gedeihen die Fleißigen Lieschen besonders gut! Entfernen Sie verwelkte Blüten und Fruchtstände bei den **Fuchsien** und **Fleißigen Lieschen** regelmäßig, das regt die Blütenbildung enorm an (→ Abb. 2). **Männertreu** legt im Hochsommer gerne eine Blühpause ein. Damit er sich nicht zu lange ausruht, sollten Sie ihn im August kräftig zurückschneiden (→ Abb. 1). Nach kurzer Zeit treiben die Pflanzen frisch aus. Sie blühen dann bis zum Herbst.

**5 Frühjahrsblüher pflanzen:** Ohne die Dauerbepflanzung zu stören, können Sie in die geleerten, mit frischer Blumenerde gefüllten Kästen Frühjahrsblüher – z. B. Hornveilchen – pflanzen.

**1 DER VORGARTEN IN NORDLAGE**

# DAUERHAFTES GRÜN IN REIZVOLLEM KONTRAST

### Das braucht man dazu:

**PFLANZEN**

a) 2 x Buchsbaum
   *Buxus sempervirens*

b) 6 x Herzblume
   *Dicentra eximia*

c) 6 x Kahler Frauenmantel
   *Alchemilla epipsila*

d) 2 x Wurmfarn
   *Dryopteris filix-mas*

**ZUBEHÖR**
Spaten, Handschaufel, Schere, Heckenschere

**Sie können Ihren schattigen Vorgarten** auch anders gestalten: zurückhaltender, was die Blüte betrifft, aber nicht weniger attraktiv. Zwei in Form geschnittene Buchskugeln rechts und links vom Weg führen zur Haustür. Ihre symmetrische Anordnung und die klare Kugelform stehen in reizvollem Kontrast zur übrigen Bepflanzung. Aufrecht strebende gefiederte Farnwedel stehen neben rundlichen Frauenmantel-Polstern. Zarte, zierliche Herzblumen lockern das Bild auf. Als charmanter Gartenvagabund hat sich die hübsche Akelei in Pflaster und Beet ausgesamt. Damit der Buchs seine Kugelform behält, muss er regelmäßig geschnitten werden. Es reicht, wenn Sie einmal im Jahr die Schere ansetzen. Am besten Ende Juni, wenn der Neuaustrieb sich in der Farbe kaum von den vorjährigen Trieben unterscheidet.

### KURZINFO

| | |
|---|---|
| Anlage | März – Mai, Sept. – Nov. |
| Standort | schattig |
| Bodentyp | humos |
| Beetgröße | 2 Beete, jeweils 1 x 2 m |
| Zeitbedarf | 4–5 Std. |
| Pflegebedarf | 1 Std./Monat |
| Level | ✱ |

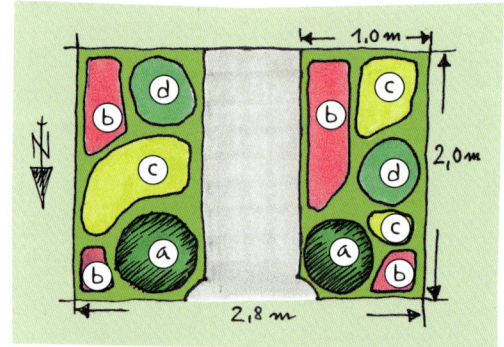

Eine Beet-Variante

1 Buchsbaum
*Buxus sempervirens*

BLÜTEZEIT: April – Mai, HÖHE: je nach Schnitt
Immergrüner Strauch. **Ein Universalgenie**, das zu nahezu allen Gartenthemen passt. Um Pilzkrankheiten vorzubeugen, sollten Sie einen luftigen Standort wählen und die Pflanzen nicht über das Blatt gießen.

2 Herzblume
*Dicentra eximia*

BLÜTEZEIT: Mai – Juli, HÖHE: 20 cm
Graziler Bodendecker mit zierlich gefiedertem Laub. Die zarte Pflanze liebt kühle, schattige Gartenplätze mit eher feuchtem Boden. Bei aller Zartheit **absolut winterhart**!

3 Kahler Frauenmantel
*Alchemilla epipsila*

BLÜTEZEIT: Juni, HÖHE: 30 cm
Äußerst robuste, **schneckenfeste Pflanze** für nicht zu trockene Böden. Wenn Sie die Staude nach der Blüte bis zum Boden zurückschneiden, treibt sie frischgrün durch.

4 Wurmfarn
*Dryopteris filix-mas*

BLÜTEZEIT: blüht nicht, HÖHE: bis 100 cm
Dieser schöne Farn mit den trichterförmig aufstrebenden Wedeln verträgt sogar trockenen Schatten, wächst bei ausreichender Feuchtigkeit aber auch in der Sonne. Die Wedel bleiben bis weit in den Winter grün. Von besonderer Schönheit ist der **goldbraune Austrieb**.

☼ Sonne   ◐ Halbschatten   ● Schatten   ❋ winterhart   ▢ pflegeleicht

# DAS BRAUCHT DER GÄRTNER

**Es lohnt sich**, für gutes Werkzeug etwas tiefer in die Tasche zu greifen: Minderwertige Gartengeräte verwandeln Gartenlust schnell in Gartenfrust. Kaufen Sie im Fachhandel wenige, dafür sinnvolle und hochwertige Gartengeräte. Pflegen Sie das teure Werkzeug gut: Vor der Winterruhe wird es von Erde gesäubert, alle Holz- und Metallteile werden mit Werkzeugöl, z. B. Ballistol, eingerieben.

### 1 Der Spaten – ein Universalgenie
Mit dem Spaten können Sie umgraben, Rasenflächen und Beete abkanten, Pflanzen ausgraben, Bäume und Sträucher einpflanzen, Kompost abstechen und die Sohle des Pflanzloches auflockern.

### 2 Die Grabegabel lockert tief auf
Besonders in harte, steinige Böden lässt sich eine Grabegabel viel leichter stechen als der Spaten. Auch zum Umgraben schwerer Böden eignet sie sich meist besser als der Spaten. Wurzelunkräuter wie Quecke und Giersch lassen sich mit der Grabegabel gut unterstechen und entfernen.

### 3 Der Krail lockert oberflächlich auf
Einen Krail brauchen Sie, um die Bodenoberfläche zu lockern, Unkraut zu entfernen, Erdklumpen zu zerkleinern, Humus oder Dünger in den Boden einzuarbeiten und Erde grob zu planieren.

### 4 Der Rechen macht alles glatt
Für die Feinplanie zur Ansaat eignet sich zum Abschluss ein Rechen am besten. Der Rechen wird auch benutzt, um Steine und abgehacktes Unkraut von leeren Beeten abzuziehen.

### 5 Die Hacke hilft beim Jäten
Mit der Hacke werden Unkräuter flach abgehackt. Stumpf gewordene Schneideflächen können Sie mit einem Schleifstein schärfen.

### 6 Die Schaufel bewegt Substrat
Mit der Flachschaufel lassen sich Sand, Kies und Erde gut befördern. Sie können aber auch Unkraut- oder Dreckhaufen vom Boden aufnehmen.

### 7 Der Eimer für alle Fälle
Einen stabilen Eimer braucht man für viele Zwecke: zum Wässern trockener Topfballen, zum Transportieren von Erde und Kompost, aber auch von Unkraut und Abfall und zum Putzen schmutziger Werkzeuge.

### 8 Der Handspaten – klein, aber fein
Ein stabiler Handspaten erleichtert das Pflanzen von Stauden und Sommerblumen.

### 9 Die Gartenschere für den Schnitt
Eine hochwertige, stets gut geschliffene Gartenschere gehört unbedingt zur Grundausstattung. Mit ihr schneiden Sie Rosen und Sträucher, verwelkte Blüten und abgestorbene Pflanzenreste.

### 10 Die Heckenschere stutzt schnell
Eine Heckenschere hilft Ihnen beim Stutzen von Hecken, aber auch beim Zurückschneiden kräftiger, abgeblühter Stauden.

*Vera lässt sich's schmecken*

Blumen in Töpfen und Kästen verwandeln ihre Südterrasse in einen Ort zum Wohlfühlen. Leuchtende Blütenfarben sorgen für gute Laune, frische Tomaten für guten Geschmack!

# Ein Topfbeet auf der Terrasse

**2**

# Töpfe und Kästen voller Blüten

## Das braucht man dazu:

**PFLANZEN**

a) 2 x Angelonie
*Angelonia gardneri*

b) 2 x Begonie
*Begonia boliviensis* 'Bonfire'

c) 9 x Dahlie (rot, gelb, weiß)
*Dahlia*-Hybriden

d) 2 x Fächerblume
*Scaevola aemula*

e) 8 x Hänge-Geranie
(5 weiße, 3 rote)
*Pelargonium peltatum*

f) 3 x Lilie (orange)
*Lilium*-Hybride

g) 5 x Süßkartoffel (dunkellaubig)
*Ipomoea*-Hybride

h) 1 x Tomate
*Solanum lycopersicum*
'Picolino'

**ZUBEHÖR**
2 Pflanzkästen (18 x 100 cm),
Gefäße aus Terrakotta (1 Schale
Durchmesser 50 cm, 5 Töpfe à
4–5 Liter, 15 Töpfe à 1–2 Liter),
Tonscherben, Blumenerde,
Flüssigdünger, Gießkanne,
Eimer, Schere

**KURZINFO**

| | |
|---|---|
| Anlage | Mai |
| Standort | sonnig |
| Bodentyp | Blumenerde |
| Zeitbedarf | 3–4 Std. |
| Pflegebedarf | ca. 15 Min./Tag |
| Level | ✽ ✽ |

**Es muss nicht immer** ein großes Blumenbeet im Garten sein: Schöne Töpfe, Kästen und Kübel mit vielen bunten Blumen verwandeln Ihre sonnige Terrasse in ein buntes Blütenmeer.
Verschieden große Töpfe und Schalen aus Terrakotta bringen die leuchtend bunten Blumen besonders gut zur Geltung und lassen Urlaubsstimmung aufkommen. Eine kleinfruchtige Balkontomate mit leckeren roten Früchten sorgt für mediterrane Gaumenfreuden, und süßer Lilienduft umschmeichelt die Nase.

Kaum eine andere Pflanzengruppe kann Garten, Terrasse und Balkon über Monate so farbenfroh zum Blühen bringen wie die verschiedenen einjährigen Sommerblumen.

## Sonneliebende Blumen

Für die Bepflanzung der Kästen empfehle ich Ihnen Sommerblumen, die es gerne warm und sonnig mögen wie Angelonie, Begonie, Fächerblume, Hänge-Geranie und Süßkartoffel. Diese attraktive Blumenmischung ist robust und ein-

fach zu pflegen. Sie kann auch einmal etwas trocken werden, ohne dass die Pflanzen gleich beleidigt die Blätter hängen lassen.
Alle miteinander wachsen zügig voran. Es macht Spaß, ihnen dabei zuzuschauen. Jede einzelne Blume ist kräftig genug, um ihren Platz im Kasten zu behaupten. Sie müssen also keine Sorge haben, dass eine Pflanze die andere überwächst. Beachten Sie aber: Geranie und Süßkartoffel haben einen hängenden Wuchs. Sie sollten die Kästen also etwas erhöht aufstellen, damit die Triebe frei herunterhängen können. Bei der Süßkartoffel handelt es sich um eine Blattschmuckpflanze, deren rotbraunes Laub wunderbar zu den Blüten der anderen Sommerblumen passt: zum feurigen Rot der Begonie, dem lichten Weiß der Geranie und den Violett- und Blautönen von Angelonie und Fächerblume.
Einzelne Sommerblumen in Töpfen erhöhen die Blütenpracht noch um einiges. Statt einer weißen darf es dann ruhig auch eine rote Geranie oder statt einer rundblättrigen Süßkartoffel eine Sorte mit geschlitzten Blättern sein.

## Farbenpracht und Blütenduft

Die Gartenblumen-Klassiker wie Dahlien und Lilien eignen sich ebenfalls für den mobilen Topfgarten auf der Terrasse. Dahlien stehen in puncto Farbenpracht und Blühfreude den Sommerblumen in nichts nach. Dahlien sind zwar mehrjährig, aber nicht frosthart. Sie wachsen aus dicken Knollen, die sich ganz einfach überwintern lassen. Die hier vorgestellten Zwerg-Dahlien eignen sich durch den kompakten Wuchs besonders gut für den Topfgarten.
Die Blütezeit der Lilien ist zwar kürzer – der Flor hält ca. vier Wochen –, dafür ist die Lilienblüte jedoch von unvergleichlicher Pracht und Eleganz. Viele Sorten verströmen dazu einen besonders wohlriechenden Duft.
Lilien wachsen aus mehrjährigen winterharten Zwiebeln. Sie können die Zwiebeln entweder im Herbst in den Garten pflanzen oder gemeinsam mit den Dahlien frostfrei überwintern.

## Verlockend rot und fruchtig

Besonders gut geeignet für die Topfkultur auf Balkon und Terrasse sind schwachwüchsigere Cocktail-Tomaten. Gut gewässert und gedüngt, können Sie von einer einzigen Pflanze eine Menge leckerer Früchtchen ernten. Besonders gut schmeckt die Sorte 'Picolino'. Nah an der Hauswand, im Regenschatten des Daches, bleiben die Blätter der Tomate trocken und sind so besser vor der Kraut- und Braunfäule geschützt. Eine gute Zeit für die Pflanzaktion ist nach den „Eisheiligen" Mitte Mai. Jetzt sind in der Regel keine Nachtfröste mehr zu erwarten, die den frostempfindlichen Sommerblumen, den Dahlien Lilien und Tomaten schaden könnten.

### Sonnenkinder und lichter Schatten

Alle hier vorgestellten Sommerblumen, aber auch Dahlien und Lilien fühlen sich an einem sonnigen Standort am allerwohlsten. Sie gedeihen aber nicht weniger üppig, wenn sie ein paar Stunden am Tag von lichten Bäumen beschattet werden.

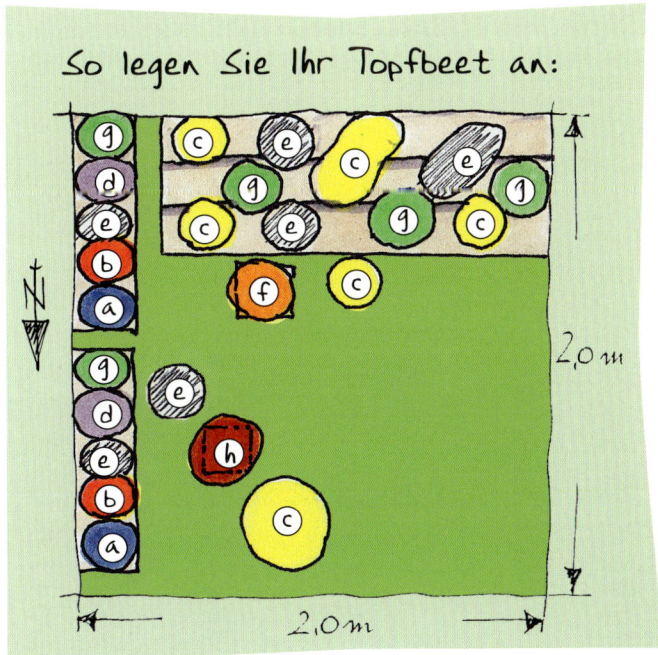

# KÄSTEN UND TÖPFE BEPFLANZEN

**Ein schöner Tag nach den Eisheiligen** ist ideal, um die Terrasse zu bepflanzen. Hören Sie aber zur Sicherheit den Wetterbericht, ob die Nächte auch wirklich frostfrei bleiben.

Achten Sie beim Pflanzenkauf auf kräftige, gesunde, gut durchwurzelte Pflanzen. Hier zu sparen macht überhaupt keinen Sinn. Kleine, dafür aber auch billigere Pflanzen bieten unter Umständen erst dann ein ansprechendes Bild, wenn der Sommer schon halb vorbei ist.

Nur hochwertige Blumenerde schafft optimale Voraussetzungen für üppige Blütenpracht. Billigerden enthalten oft minderwertige Schwarztorfe, wenig Dünger und keine Zuschlagstoffe, die das Wachstum begünstigen. Eine gute Erde besteht aus hochwertigem Weißtorf (hellbraun) und Ton. Die Tonminerale speichern Wasser und Nährstoffe und sorgen dafür, dass sich die Erde gut wieder befeuchten lässt, wenn sie doch mal ausgetrocknet ist. Für die optimale Entwicklung ab dem ersten Tag sind außerdem sowohl Start- als auch Langzeitdünger beigefügt, die die Ernährung in den ersten vier Wochen sicherstellen. Manche Qualitätserden enthalten zusätzlich Rindenhumus oder Lava, die für die Belüftung der Erde sorgen und Wurzelfäulnis verhindern.

## Gut eingetopft

Wählen Sie die Gefäße auf keinen Fall zu klein. Die Kästen sollten mindestens 15 cm breit und 17 cm hoch sein, damit sich die Pflanzen in genügend Substrat gut entwickeln können. In einen Kasten von 100 cm Länge passen fünf Sommerblumen. Balkontomaten brauchen ein Gefäß mit mindestens 4–5 Liter Volumen. In ein Gefäß dieser Größe passen z. B. auch mehrere Geranien. Zwerg-Dahlien und niedrige Lilien lassen sich übrigens auch gut einzeln in 1–2-Liter-Töpfe pflanzen. Töpfe und Kästen aus Terrakotta sind besonders langlebig und stabil. Beachten Sie aber, dass die Wände – anders als bei Kunststoffgefäßen – wasserdurchlässig sind. Die Erde trocknet unter Umständen schneller aus.

Wenn Sie alles gut vorbereiten, dann geht die Arbeit zügig voran. Sehr vorteilhaft ist ein Arbeitstisch, auf dem Sie die Gefäße abstellen und bepflanzen können. Bepflanzen Sie Kästen und Töpfe so wie in den Bildern beschrieben. Warten Sie mit dem Angießen, bis die Gefäße an ihrem endgültigen Platz auf der Terrasse stehen. Sie sind sonst zu schwer zum Tragen. Apropos Platz: Schön ist z. B. eine Etagere, auf der viele kleine Töpfe und Schalen Platz finden.

Ein guter Wasserabzug ist für die Gesundheit der Pflanzen lebenswichtig. Staunässe begünstigt gefährliche Pilzerkrankungen. Kontrollieren Sie darum, ob Kästen und Töpfe über ausreichend große Abzugslöcher am Boden verfügen. Sichern Sie die Löcher vor Verstopfen (→ Abb. 8).

**1 Kästen mit Erde füllen:** Sichern Sie zuerst die Abzugslöcher mit einer Tonscherbe. Füllen Sie den Kasten randvoll mit Blumenerde. Drücken Sie die Erde vor allem an den Ecken und Seiten leicht an. Es soll ein Rand von ca. 1 cm entstehen.

Die richtige Anlage

2 **Wässern:** Trockene Ballen lassen sich im Kasten nur schwer befeuchten. Tauchen Sie vor dem Einsetzen die Pflanzen ein paar Minuten in einen Eimer mit Wasser, bis sich der Ballen vollgesogen hat und keine Luftblasen mehr aufsteigen.

3 **Austopfen:** Klopfen Sie den Pflanztopf vorsichtig auf den Kastenrand. Halten Sie dabei die Pflanze mit der anderen Hand fest. Schneiden Sie durchgewachsene Wurzeln am Topfboden ab, falls der Ballen nicht leicht aus dem Topf gleitet.

4 **Pflanzen anordnen:** Stellen Sie die ausgetopften Pflanzen erst einmal im Kasten aus. Stimmen die Pflanzabstände? Wenn Sie sich an die Reihenfolge des Pflanzplans halten, wechseln sich hängende mit aufrechten Blumen ab.

5 **Einpflanzen:** Pflanzen Sie die Blumen nun der Reihe nach ein. Dazu machen Sie mit der Hand oder einem Pflanzspaten ein Loch mindestens so groß und so breit wie der Ballen. Senken Sie die Pflanze in das Loch, so dass die Ballenoberfläche mit der Erdoberfläche abschließt.

*Hier ist gute Qualität mit bloßem Auge zu erkennen: Die Erde enthält Dünger, Ziegelsplitt und Lavagrus.*

## 2 EIN TOPFBEET AUF DER TERRASSE

**6 Erde andrücken:** Drücken Sie nach dem Einsetzen die Erde seitlich an den Ballen. Nicht zu stark drücken, um die Erde nicht zu verdichten! Die neuen Wurzelspitzen sollen ganz mühelos in den Boden vordringen können. Jetzt kann der Kasten an seinen Platz gestellt werden.

**7 Angießen:** Gießen Sie die Pflanzen mit dem Strahl der Gießkanne im Wurzelbereich durchdringend an, damit die Erde an die Ballen geschlämmt wird. Sackt die Erde stark ein, dann füllen Sie noch etwas Substrat nach.

**8 Schale vorbereiten:** Beim Bepflanzen der Dahlienschale legen Sie zunächst eine nach oben gewölbte Tonscherbe auf das Abzugsloch. So läuft überschüssiges Gießwasser ab, ohne dass größere Mengen Blumenerde ausgeschwemmt werden und das Abzugsloch verstopfen.

**9 Dahlienknollen einsetzen:** Füllen Sie die Schale anschließend ungefähr zur Hälfte mit Blumenerde auf und drücken Sie diese leicht an. Legen Sie dann gleichmäßig die Dahlien auf der Erde aus. Die Knollen sollen nicht zu tief – höchstens 5 cm unter dem Topfrand – liegen. Setzen Sie die Dahlien mit dem Stängelansatz nach oben leicht auf die Erde und drücken Sie sie etwas an, damit sie nicht umfallen können.

Die richtige Anlage

**10** **Erde auffüllen:** Füllen Sie vorsichtig um die Knollen herum Erde ein und füllen Sie dann die die Schale bis 1 cm unter den Rand mit Erde auf, die sie leicht andrücken. Tragen Sie die Schale an ihren Standort auf die Terrasse und gießen Sie vorsichtig, aber gut an – hier empfiehlt sich die Brause auf der Gießkanne!

**11** **Lilien einpflanzen:** Für die Lilien wird der Topf so vorbereitet, wie in Abb. 8 und 9 beschrieben. Verteilen Sie die Zwiebeln mit genügend Abstand (Pflanzhinweis auf der Packung!) gleichmäßig im Topf und drücken Sie sie leicht an.

**12** **Beschriften:** Füllen Sie Erde auf und drücken Sie noch einmal leicht an. Ein beschriftetes Etikett sorgt dafür, dass Sie nicht vergessen, was sich in Schale oder Topf befindet. Angießen und eventuell Erde nachfüllen.

## BUNTES FARBEN-SPIEL IM TOPF

**1 Angelonie**
*Angelonia gardneri*

BLÜTEZEIT: Mai – Oktober, HÖHE: ca. 30 cm
Nicht winterharte **Neuheit aus Brasilien**. Verträgt wochenlange Hitze problemlos, Staunässe aber überhaupt nicht.

**2 Begonie**
*Begonia boliviensis* 'Bonfire'

BLÜTEZEIT: Mai – Oktober, HÖHE: ca. 30 cm
'Bonfire' wächst sowohl im Schatten als auch in der Sonne, ist **anspruchslos und robust** und blüht auch ohne Rückschnitt unermüdlich in leuchtendem Orangerot.

**3 Dahlie**
*Dahlia*-Hybride

BLÜTEZEIT: Juni – Oktober, HÖHE: ca. 25 cm
**Mehrjährige Knollenpflanze.** Regelmäßig düngen und verwelkte Blüten entfernen, dann blüht die Zwerg-Dahlie bis zum Frost durch.

**4 Fächerblume**
*Scaevola aemula*

BLÜTEZEIT: Mai – Oktober, HÖHE: ca. 30 cm
Sehr wüchsige Neuheit im Balkonblumen-Sortiment. In ihrer australischen Heimat immergrün und mehrjährig, bei uns nicht frosthart. Besonders witterungsbeständig, aber empfindlich gegen Staunässe. Daher unbedingt auf guten Wasserabzug achten! Wegen ihrer **ausladenden Triebe** gut für höher stehende Pflanzgefäße und Blumenampeln geeignet.

Sonne · Halbschatten · Schatten · Ein-/Zweijährige · winterhart

Pflanzen-Porträts

## 5 Hänge-Geranie
*Pelargonium peltatum*

BLÜTEZEIT: Mai – Oktober, HÖHE: bis 30 cm
Wegen der Blühfreude und Pflegeleichtigkeit beliebter **Balkon-Klassiker**. Wächst auch gut im Halbschatten und eignet sich gut für Blumenampeln. Verträgt durchaus etwas Trockenheit, ist aber dankbar für regelmäßige Wasser- und Düngergaben. Verwelkte Blütenstände entfernen.

## 6 Lilie
*Lilium*-Hybride

BLÜTEZEIT: Juli, HÖHE: ca. 60 cm
**Winterharte Zwiebelpflanze**, eine der schönsten und edelsten Blütenpflanzen überhaupt. Gut für Töpfe geeignet, besonders empfehlenswert sind die süß duftenden Sorten.

## 7 Süßkartoffel
*Ipomoea*-Hybride

BLÜTE: unscheinbar, HÖHE: ca. 60 cm
Sowohl mit herzförmigen als auch eingekerbten Blättern, die mit ihrer tief dunkelbraunen Farbe die Wirkung der Blütenpflanzen steigern. Absolut robust und unempfindlich gegen Witterungseinflüsse. Dekorative Blattschmuckpflanze, **nicht winterhart**.

## 8 Tomate
*Solanum lycopersicum* 'Picolino'

ERNTEZEIT: Juli – September, HÖHE: 100–120 cm
Einjährige Cocktailtomate, besonders gut für Anbau im Topf geeignet. **Hocharomatischer Geschmack**, frühreifend.

 Duft   essbar   Schnittblume   giftig   pflegeleicht

33

# BLÜTENPRACHT WILL GEPFLEGT SEIN

**1 Tomaten entgeizen:** Wenn Sie regelmäßig an den Blattachseln entstehende Seitentriebe – auch Geiztriebe genannt – herausbrechen, dann kann sich der Haupttrieb kräftig entwickeln, blühen und Früchte ausbilden.

**Der Topfgarten auf der Terrasse** wird sicher nicht die pflegeleichteste Ecke in Ihrem Garten. Aber durch die Wahl blühfreudiger, robuster Gartenblumen hält sich der Mehraufwand in Grenzen. Für die Pflege von **Sommerblumen** und **Tomate** brauchen Sie vor allem drei Dinge: Gießkanne, Gartenschere und Flüssigdünger.

▸ Pflanzen in Töpfen und Kästen sind auf regelmäßige Versorgung mit Wasser angewiesen. Zu viel Wasser ist dabei ebenso schädlich wie zu wenig. Passen Sie die Wassermenge an die Bedürfnisse der Pflanzen an. In den ersten zwei Wochen sind die Pflanzen noch klein und benötigen weniger Wasser als im ausgewachsenen, voll eingewurzelten Zustand. Es versteht sich von selbst, dass bei wechselhaftem Wetter

**2 Verblühtes ausschneiden:** Bei Dahlien wird nur die verwelkte Blüte entfernt. Angelonien treiben schneller neue Blüten, wenn man den ganzen Blütenstand abschneidet.

weniger gegossen werden muss als an heißen Sommertagen. Fühlen Sie ruhig mit dem Finger, ob die Erde schon trocken ist.
Um Pilzerkrankungen zu vermeiden, sollten Sie direkt auf die Erde gießen, so dass die Blätter nicht nass werden.
Gießen Sie entweder mit Regenwasser aus der Tonne oder mit abgestandenem Leitungswasser. Frisches Leitungswasser ist kalt und wirkt besonders im Hochsommer wie ein Schock. Wässern Sie durchdringend, damit auch die tieferen Schichten feucht werden. Einmal gut gegossen, halten es die Pflanzen wieder eine Weile ohne Wasser aus. Die Erde sollte zwischendurch auch immer wieder abtrocknen.

▸ Neben Wasser brauchen Sommerblumen und Tomate natürlich auch Dünger. Spätestens 3–4 Wochen nach der Pflanzung ist der Nährstoffvorrat aus der Blumenerde aufgebraucht. Nach meiner Erfahrung gedeihen die Pflanzen im Topf am besten, wenn sie mit jedem Gießen ein kleines bisschen Dünger bekommen. Ver-

Pflege-Tipps

**Was tun, wenn ...**

**... die Mittagssonne im Sommer heiß brennt?**
Spannen Sie an besonders heißen Tagen in den Mittagsstunden einen Sonnenschirm über Ihrem Topfgarten auf. Besonders Dahlien und Lilien sind für ein bisschen Schatten in der Mittagsglut dankbar. Und Sie ersparen sich mit dieser Maßnahme einen zweiten Gießgang.

teilen Sie also die auf der Düngerflasche angegebene Ration (in der Regel eine Verschlusskappe pro Woche) auf mehrere Gießgänge. So wird neben dem Durst auch gleich der Hunger der Pflanzen gestillt. Ab Ende Juli können Sie die Düngergaben langsam reduzieren. Das gilt besonders für die **Dahlien**. **Lilien** im Topf sollten Sie nur während der Blütezeit düngen.

▶ Bei **Begonien** und **Fächerblumen** brauchen Sie Verblühtes nicht auszuputzen, das fällt von alleine ab, bei anderen müssen Sie nachhelfen und Abgeblühtes wegschneiden (**Dahlie**). Auch **Geranie** und **Angelonie** blühen bei regelmäßigem Ausputzen üppiger (→ Abb. 2).
Die **Tomate** fruchtet besser, wenn Sie die Seitentriebe rechtzeitig ausbrechen (→ Abb. 1).

**3 Gießen:** Stimmen Sie die Wassermenge auf den Bedarf der Pflanzen ab. Gießen Sie möglichst direkt auf die Erde, um Pilzerkrankungen zu vermeiden. Sommerblumen gedeihen besonders gut, wenn sie regelmäßig gedüngt werden. Am besten geben Sie immer eine geringe Menge Flüssigdünger zu jeder Gießkanne Wasser hinzu.

**4 Dünger abmessen:** Messen Sie einen Teil der vorgesehenen Dünger-Wochenration – Packungsvorschrift beachten – mithilfe der Verschlusskappe ab und geben ihn zum Gießwasser.

**5 Dünger und Gießwasser vermischen:** Sorgen Sie dafür, dass sich der Dünger gut im Gießwasser verteilt. Rühren Sie dazu am besten mit einem Bambusstock das Gießwasser durch.

## 2 EIN TOPFBEET AUF DER TERRASSE

# BLÜHENDER SICHTSCHUTZ AUF DER TERRASSE

### Das braucht man dazu:

**PFLANZEN**
a) 2 x Fallschirm-Sonnenhut
*Rudbeckia nitida*

b) 2 x Jasminblütiger Nachtschatten
*Solanum jasminoides*

c) 2 x Schwarzäugige Susanne
*Thunbergia alata* (orange)

d) 5 x Sonnenblume
*Helianthus annuus*

**ZUBEHÖR**
Kompost oder Rindenhumus, Bambus- oder Haselnussstangen oder Reste von Baustahlgitter als Kletterhilfe, Soft-Tie, Flüssigdünger

**Sie haben neu gebaut?** Ihre Terrasse kann von der Straße oder dem Nachbarn aus gut eingesehen werden und liegt so richtig schön „auf dem Präsentierteller"? Sorgen Sie im Sommer für einen bunt blühenden Sichtschutz, der neugierige Blicke abhält. Die hier vorgestellten Pflanzen wachsen rasant in die Höhe und sorgen rasch für blickdichte Wände. Besonders flott rankt sich die Schwarzäugige Susanne um Stäbe und Gitter und lässt dabei unermüdlich ihre orangefarbenen Blüten strahlen. Dazu passt das Gelb von Fallschirm-Rudbeckie und Sonnenblume hervorragend. Beide Gartenblumen sind zwar keine Kletterpflanzen, aber aufgrund ihrer Größe wie gemacht für die Blütenwand. In der Abenddämmerung leuchten und duften dann die weißen Blüten des Jasminblütigen Nachtschattens.

**KURZINFO**

| | |
|---|---|
| Anlage | Mai |
| Standort | sonnig |
| Bodentyp | humos |
| Zeitbedarf | 3–4 Std. |
| Pflegebedarf | gelegentlich im Sommer |
| Level | ❋ |

Eine Variante

*1* Fallschirm-Sonnenhut
*Rudbeckia nitida*

BLÜTEZEIT: Aug. – Sept., HÖHE: 180–220 cm
Mehrjährige, **winterharte Gartenblume**. Bildet breite hohe Büsche. Muss gestützt und im Herbst ganz zurückgeschnitten werden.

2 Jasminblütiger Nachtschatten
*Solanum jasminoides*

BLÜTEZEIT: Juni – September, HÖHE: 150 cm
Mehrjährige, **schlingende Kübelpflanze**, nicht winterhart. Auch für einjährige Bepflanzung von Kästen und Kübeln. Robust und wüchsig.

*3* Schwarzäugige Susanne
*Thunbergia alata*

BLÜTEZEIT: Juni – Oktober, HÖHE: 150–200 cm
Bekannte und zu Recht beliebte, nicht winterharte Kletterpflanze, die sehr schnell ihr Klettergerüst begrünt. Lässt sich auch leicht aus Samen ziehen. **Blüht unermüdlich** bis zum Frost. Je nach Sorte mit orangefarbenen oder gelben Blüten mit schwarzer Mitte. Sehr zierend auch das herzförmige Laub.

4 Sonnenblume
*Helianthus annuus*

BLÜTEZEIT: August, HÖHE: bis 200 cm
Raschwüchsige einjährige Sommerblume. Braucht viel Wasser und Nährstoffe. Entwickelt besonders große Blüten in Gelb und auch Rot- und Brauntönen. **Vorzügliche Bienenweide**.

Sonne · Ein-/Zweijährige · winterhart · Schnittblume · giftig

# SO PFLANZEN SIE RICHTIG

**Bevor Sie mit** dem Pflanzen beginnen, sollten Sie an Folgendes denken:
Überprüfen Sie, ob die Standortansprüche der ausgewählten Pflanzen wie Sonne, Halbschatten oder Schatten im neuen Beet erfüllt sind. Achten Sie auch auf die bei der Beet-Idee angegebenen besonders günstigen Pflanztermine.
Besorgen Sie die Pflanzen im Fachhandel und achten Sie auf Qualität. Kaufen Sie nur gut durchwurzelte, kräftige und gesunde Pflanzen.

Bereiten Sie Ihr Beet vor dem Pflanzen gut vor: Entfernen Sie zunächst sorgfältig alles Unkraut. Lockern Sie die Erde ungefähr 20 cm tief und mischen Sie je nach Bodenart Sand oder Bentonit unter (→ Seite 72).
Setzen Sie Grenzen und trennen Sie die Pflanzfläche vom Rasen ab. Das geht z. B. mit Stahlbändern sehr gut und einfach (→ Seite 114).
Halten Sie die Planskizze bereit, damit jede Pflanze den ihr zugedachten Platz bekommt.

**1 Pflanzen tauchen:** Tauchen Sie die Topfballen so lange in einen Eimer mit Wasser, bis keine Luftblasen mehr aufsteigen. Trockene Topfballen, einmal gepflanzt, nehmen Gießwasser nur schlecht an und vertrocknen. Übrigens: Auch Pflanzen ohne Topfballen tut ein Wasserbad gut. Rosen oder Sträucher mit offenen Wurzeln oder auch Knollen wie die der Balkananemone oder des Winterlings wurzeln schneller an, wenn sie vor dem Pflanzen einige Stunden im Wasser quellen.

**2. Pflanzen auslegen:** Meistens werden bei einer Neupflanzung die Pflanzen viel zu dicht gepflanzt. Bereits nach wenigen Jahren beginnt der Kampf um Licht und Nährstoffe, die Pflanzung läuft aus dem Ruder, alles wächst durcheinander. Das muss nicht sein! Legen Sie die Pflanzen nach Plan aus. Topfen Sie sie vorerst noch nicht aus, damit auch nicht vollständig durchwurzelte Ballen intakt bleiben. Wenn alle Töpfe ausgelegt sind, können Sie noch ein bisschen korrigieren.

## So pflanzen Sie richtig

3 **Pflanzloch ausheben und einpflanzen:** Für Stauden und Sommerblumen genügt zum Ausheben des Pflanzloches ein Handspaten, bei Gehölzen brauchen Sie einen normalen Spaten. Lagern Sie den Erdaushub zunächst seitlich am Pflanzloch. Topfen Sie die Pflanze nun aus. Wenn der Ballen stark durchwurzelt ist, wird die äußerste Wurzelschicht mit Schere oder Messer gelockert – so wurzeln die Pflanzen schnell ein. Setzen Sie die Pflanze so in das Pflanzloch, dass die Topfoberfläche bündig mit der Erdoberfläche abschließt.

4 **Erde anfüllen:** Füllen Sie nun den Erdaushub an. Rütteln Sie die Pflanze dabei immer mal wieder ein wenig, damit sich die Erde setzt. Gleichzeitig halten Sie so die Pflanze auf der oben angegebenen Höhe. Wenn das Pflanzloch angefüllt ist, drücken Sie die Erde mit Handspaten oder Spaten sanft seitlich an. Besser nicht – wie oft beschrieben – die Ballen mit dem Fuß antreten. Bei dieser Vorgehensweise wird die Erde verdichtet, und die Pflanzen wurzeln schlechter an.

5 **Mit Wasser einschlämmen:** Durch das Andrücken bekommt der Topfballen bereits Erdkontakt. Durch das Angießen mit dem Strahl von Gießkanne oder mit dem Gartenschlauch wird die Erde endgültig an den Ballen angeschlämmt. Der Topfballen bekommt „Erdschluss" und wurzelt rasch ein.
Durch das Einschlämmen verdichtet allerdings die oberste Bodenschicht. Lockern Sie deshalb ganz zum Schluss mit dem Krail die Erdoberfläche wieder auf.

*Vorbereitung auf den Frühling*

DIE FORSYTHIE IST EIN BELIEBTER ZIERSTRAUCH UND IN FAST JEDEM GARTEN ZU FINDEN. VERSCHÖNERN SIE DIE FRÜHJAHRSBLÜTE MIT DER PASSENDEN UNTERPFLANZUNG.

# Bunter Start in den Frühling

3

# 3 BUNTER START IN DEN FRÜHLING

# Der Frühling hält Einzug

## Das braucht man dazu:

**PFLANZEN**

a) 1 x Forsythie
   *Forsythia intermedia* 'Weekend'

b) 10 x Narzisse
   *Narcissus*-Hybride 'Jet Fire'

c) 8 x Tausendschön
   *Bellis*-Hybride

d) 50 x Tulpe
   *Tulipa*-Hybride

e) 12 x Vergissmeinnicht
   *Myosotis sylvatica*

**ZUBEHÖR**
Krail, Grabegabel, Schubkarre, Eimer, Zwiebelpflanzer, Komposterde, Langzeitdünger, evtl. Astschere

## KURZINFO

| | |
|---|---|
| Anlage | September und Mai |
| Standort | sonnig |
| Bodentyp | humos |
| Beetgröße | 3 x 2 m |
| Zeitbedarf | 3–4 Std. |
| Pflegebedarf | 1 Std./Woche |
| Level | ✽ ✽ ✽ |

**Wenn die Wintermonate** zu Ende gehen, sehnt sich das Auge nach kräftigen, leuchtenden Farben. Das mag einer der Gründe sein, warum die Forsythie in kaum einem Garten fehlt: Das strahlende Gelb dieses auch „Goldglöckchen" genannten Strauches hebt die Stimmung und weckt die Vorfreude auf warme Frühlingstage. Der Genuss lässt sich steigern. Malen Sie ein buntes Bild um die Forsythie. Nehmen Sie keine Pastelltöne, tupfen Sie kräftiges Rot und Gelb, leuchtendes Blau und strahlendes Weiß in das Frühlingsbeet. Tulpen und Narzissen, Vergissmeinnicht und Tausendschön sind das Material, aus dem das fröhliche Frühlingsbild entsteht. Ich empfehle Ihnen, das Frühlingsbeet in zwei Etappen anzulegen: Im Herbst werden Tulpen und Narzissen gepflanzt, im Frühling kommen dann Tausendschön und Vergissmeinnicht hinzu.

## Beliebte Frühjahrsblüher

Zu den schönsten Frühlingsblühern gehören Zwiebelblumen wie Tulpen und Narzissen, Hyazinthen und Krokusse. Sie wachsen aus mehrjährigen, winterharten Zwiebeln. In diesen Zwiebeln sind alle Pflanzenteile wie Blüte, Stängel und

Blätter bereits angelegt. Die Zwiebel dient zudem als Speicherorgan für alle Nährstoffe, die die Pflanze für das Wachstum braucht. Die meisten Zwiebelblumen, so auch Tulpen und Narzissen, werden im Herbst, am besten im September, in die Erde gesteckt. Die Zwiebeln wurzeln rasch in den sommerwarmen Boden ein und überstehen den Winter gut. Mit den ersten warmen Sonnenstrahlen ab März treiben zunächst die Blätter aus der Erde. Je nach Sorte öffnen sich dann Anfang bis Ende April die herrlichsten Blüten in den verschiedensten Farben und Formen. Schon bald nach der Blüte werden die Blätter zunächst gelb, später braun und trocken. Ein ganz natürlicher Vorgang. Nach dem Wachsen und Blühen ziehen sich Tulpen und Narzissen wieder ins Erdreich zurück. Entfernen Sie welkendes Laub möglichst nicht. Die Pflanzen brauchen es, um Nährstoffe einzuspeichern. Wenn Sie nach den Zwiebelblumen Sommerflor anpflanzen wollen, sollten Sie die Blumenzwiebeln jetzt ausgraben und bis zum Herbst einlagern (→ Seite 49). Wenn Sie die Blumenzwiebeln zwischen mehrjährige Gartenblumen pflanzen, kaschieren die Stauden mit ihrem austreibenden Laub die welkenden Blätter. Tausendschön und Vergissmeinnicht sind zweijährige Frühjahrsblüher, d. h., sie bilden im Jahr nach der Aussaat nur einen Blattschopf aus. Ihre Blütezeit beginnt im März des Folgejahres und hält bis zum Mai an. Sie können zweijährige Blumen bereits im Herbst in die Beete pflanzen. Ich rate aber eher davon ab, weil die Blumen im Winter doch sehr strapaziert werden. Besonders Kahlfröste – Minusgrade ohne Schneedecke – setzen ihnen arg zu, und es braucht wertvolle Zeit, bis sie zur alten Form zurückfinden.

Wenn die Zwiebelblumen verblüht sind, endet auch die Blütezeit der Zweijährigen. Sie können jetzt abgeräumt werden und Platz machen für bunte Sommerblumen.

## Wechselnde Unterpflanzung

Wenn Sie Freude an bunten Blumen und Spaß an der Gartenarbeit haben, können Sie die Forsythie jede Saison neu unterpflanzen. Nach den Frühjahrsblühern folgen Sommerblumen, z. B. Dahlien, Löwenmäulchen oder Schmuckkörbchen. Oder Sie säen die Fläche mit einer Sommerblumenmischung ein, wie in Kapitel 7 beschrieben. Im Herbst kommen dann die den Sommer über eingelagerten Blumenzwiebeln wieder in die Erde, und alles beginnt von vorn.

Etwas pflegeleichter wird die Anlage, wenn Sie winterharte Gartenblumen unter die Forsythie pflanzen. Blutstorchschnabel, Frauenmantel und Japangras z. B. eignen sich sehr gut für eine dauerhafte Unterpflanzung. Stecken Sie dazu dazwischen noch frühjahrsblühende Zwiebelblumen in leuchtenden Farben. Die Zwiebeln bleiben im Boden und sorgen jedes Frühjahr aufs Neue für einen bunten Blütenteppich.

**Staunässe verhindern**

Schwere Lehmböden trocknen nur langsam ab. Besonders im Winter kann Staunässe entstehen, die vor allem Tulpenzwiebeln faulen lässt. Mischen Sie viel Kies oder Splitt unter den Lehmboden (mindestens 20–30 Liter pro m$^2$) und arbeiten Sie ihn bis in 30 cm Tiefe unter.

# SO LEGEN SIE DAS FRÜHJAHRSBEET AN

**Warten Sie für die** Pflanzarbeiten eine Schönwetterperiode im Frühherbst ab. Der Boden sollte gut abgetrocknet sein. Stellen Sie alles Werkzeug und Material bereit und besorgen sich rechtzeitig Tulpen- und Narzissenzwiebeln. Und so sollten die Blumenzwiebeln aussehen: groß und prall, mit gesunder, unversehrter Schale.

Bevor Sie mit den Pflanzarbeiten beginnen, sehen Sie sich zunächst einmal Ihre Forsythie genauer an. Biegen sich ältere, stark verzweigte Äste wie Schleppen zum Boden? Greifen Sie beherzt zur Astschere und schneiden Sie diese Triebe direkt am Boden ab. So verjüngen Sie den Strauch und schaffen Luft und Licht für die Unterpflanzung. Wenn der Strauch im Rasen steht, müssen Sie zunächst die Grasnarbe entfernen. Gehen Sie dabei so vor, wie auf Seite 74 beschrieben. Bereiten Sie anschließend den Boden gründlich vor. Wenn beim Lockern die eine oder andere Wurzel der Forsythie in Mitleidenschaft gezogen wird, ist das nicht schlimm. Die Forsythie gehört zu den robustesten Sträuchern im Sortiment und nimmt so schnell nichts übel.

## Blumenzwiebeln einsetzen

Arbeiten Sie nach der Bodenlockerung abgelagerten Kompost oder Rindenhumus in die Erde ein. Eine ca. 2 cm dicke Schicht reicht aus, um den Tulpen- und Narzissenzwiebeln beste Startbedingungen zu geben. Dünger brauchen Sie zu diesem Zeitpunkt nicht ausbringen. Die Zwiebeln sind in der Ruhephase und nehmen im Herbst und Winter keine Nahrung auf, so dass ein Teil der Nährstoffe ungenutzt ausgewaschen würde.

Legen Sie vor dem Pflanzen zunächst alle Zwiebeln laut Skizze aus. Setzen Sie dann die Zwiebeln in den Boden ein – das geht am besten mit einem Zwiebelpflanzer. Mit diesem Gerät können Sie leicht und sauber ein tiefes Loch für die Zwiebeln ausstechen. Als Faustregel gilt: Das Loch sollte dreifach so tief wie die Zwiebel hoch sein. Setzen Sie dann die Zwiebel auf den Grund und füllen den Aushub wieder ein. Sind alle Tulpen und Narzissen in der Erde, sollten Sie die ganze Fläche durchdringend wässern, damit die Zwiebeln Erdschluss bekommen. Damit sind die Arbeiten am Frühlingsbeet zunächst beendet.

**1 Boden lockern:** Sandige Böden können Sie einfach mit dem Krail auflockern. Schwere Lehmböden lockern Sie erst mit der Grabegabel auf.

**2 Unkraut entfernen:** Lesen Sie alles Unkraut aus der Erde. Richten Sie Ihr Augenmerk vor allem auf Wurzelunkräuter wie Quecke und Giersch.

Die richtige Anlage

**3 Humus einarbeiten:** Mischen Sie abgelagerten Kompost oder Rindenhumus unter die aufgelockerte Erde (ca. 20 Liter pro m²). Achten Sie darauf, nur die oberste Bodenschicht mit dem Humus zu vermischen. Bei sehr schweren Lehmböden empfehle ich statt Humus Kies oder Splitt.

## Frühjahrsblüher pflanzen

Wenn im März die Blätter der Tulpen und Narzissen aus dem Boden sprießen, ist es Zeit, die Tausendschön und Vergissmeinnicht einzusetzen. Auch diese Arbeit sollten Sie nur bei abgetrocknetem Boden ausführen, damit die im Herbst sorgfältig gelockerte Erde durch die Pflanzarbeit so wenig wie möglich verdichtet wird.

Kaufen Sie die zweijährigen Frühjahrsblüher am besten beim Gärtner. Hier bekommen Sie kräftige, gut durchwurzelte Pflanzen. Sie können sie natürlich auch selbst anziehen (→ Seite 127). Putzen Sie die Blumen vor dem Pflanzen noch einmal aus, d. h. entfernen Sie alle verwelkten Blüten und verfärbten oder schadhaften Blätter. Tauchen Sie anschließend die einzelnen Töpfe so lange in einen Eimer mit nicht zu kaltem Wasser, bis keine Luftblasen mehr aufsteigen – jetzt ist der Wurzelballen gut gewässert.

Pflanzen Sie die Zweijährigen dann nach Plan in die Lücken zwischen die Zwiebelblumen. Gießen Sie die Frühjahrsblüher zum Schluss gründlich an und lockern Sie mit dem Krail die oberste Erdschicht nochmals gut auf.

**4 Pflanzloch ausheben:** Wenn Sie die Tulpenzwiebeln laut Plan ausgelegt haben, werden sie der Reihe nach eingepflanzt. Drücken Sie dazu den Zwiebelpflanzer tief (ca. 10 cm) in die Erde und ziehen ihn anschließend mitsamt dem Erdaushub wieder heraus.

**5 Tulpen pflanzen:** Setzen Sie nun die Tulpenzwiebel mit der breiten Seite nach unten in das Pflanzloch. Jetzt wird der Aushub wieder angefüllt. Halten Sie dazu den Zwiebelpflanzer über das Loch und lassen die Erde ins Pflanzloch fallen. Drücken Sie die Erde zum Schluss etwas an.

# 3 BUNTER START IN DEN FRÜHLING

## DAS BLÜHT IM FRÜHLING

**1 Forsythie**
*Forsythia intermedia* 'Weekend'

**BLÜTEZEIT:** März – April, **HÖHE:** bis 2 m
Die Forsythie, auch Goldglöckchen genannt, ist ein bekannter, wegen der goldgelben Frühjahrsblüte sehr **beliebter Zierstrauch**. Absolut winterhartes Gehölz, toleriert fast jeden Gartenboden. Gedeiht sowohl in der Sonne als auch im Halbschatten; in der Sonne ist die Blütenfülle aber viel größer. Sowohl für Einzelstand geeignet als auch in Kombination mit anderen Ziersträuchern in einer gemischten Hecke. Die Sorte 'Weekend' ist neu im Sortiment und vor allem wegen der kompakten Wuchsform zu empfehlen. Sie ist besonders gut für kleine Gärten geeignet! Regelmäßiger Schnitt der alten, stark verzweigten Triebe direkt über dem Boden ist nötig, um die Pflanze jung, kompakt und blühwillig zu erhalten.

**2 Narzisse**
*Narcissus*-Hybride 'Jet Fire'

**BLÜTEZEIT:** März – April, **HÖHE:** ca. 30 cm
Mehrjährige, winterharte Zwiebelblumen, die sich nach der Blüte ins Erdreich zurückziehen. Sie gedeihen sowohl in der Sonne als auch im Halbschatten. Nährstoffreiche, besonders zur Blütezeit ausreichend feuchte Böden werden bevorzugt. Die Sorte 'Jet Fire' gehört in die Gruppe der frühen, zierlichen Narzissen. Sie ist sehr robust und zeichnet sich durch eine **besonders lange Blütezeit** aus. Regelmäßig zur Blütezeit mit einer flüssigen Düngergabe versorgt, erfreut sie lange Jahre mit üppigem Flor. Sollte die Blühleistung nachlassen, kann die Narzisse einige Wochen nach der Blüte ausgegraben, die Zwiebelhorste geteilt und neu gepflanzt werden.

Sonne   Halbschatten   Schatten   Ein-/Zweijährige   winterhart

Pflanzen-Porträts

**3** Tausendschön
*Bellis*-Hybride

BLÜTEZEIT: März – Juni, HÖHE: ca. 15 cm
**Zweijährige Frühjahrsblume**, Zuchtform des bekannten Gänseblümchens. Im Angebot sind einfache oder gefüllte Blüten in Rot, Rosa und Weiß und auch zweifarbig. Auch für die Bepflanzung von Schalen und Kübeln geeignet. Bei Frühjahrstrockenheit regelmäßig gießen. Das Tausendschön stirbt nach der Blüte ab.

**4** Tulpe
*Tulipa*-Hybride

BLÜTEZEIT: April – Mai, HÖHE: ca. 40 cm
**Klassische Zwiebelblume** mit auffälliger Blüte. Stammt aus mediterranen Ländern und wächst dort auf durchlässigen, steinigen Böden in voller Sonne. Auch die Zuchtformen brauchen – vor allem in der Ruhephase – trockene Böden mit gutem Wasserabzug; zu viel Nässe lässt die Zwiebeln faulen. Flüssige Düngergaben zur Blütezeit fördern die Blühwilligkeit. Das Sortiment umfasst viele Farben und Formen, ungefüllte und gefüllte Blüten. Neben den großblumigen Sorten gibt es auch viele Wildtulpen im Sortiment.

**5** Vergissmeinnicht
*Myosotis sylvatica*

BLÜTEZEIT: April – Juni, HÖHE: ca. 20 cm
Gezüchtete Form des wilden Wald-Vergissmeinnichts mit Blüten von einzigartigem Himmelblau. Das Vergissmeinnicht ist eine **zweijährige Frühjahrsblume**, die nach der Blüte abstirbt. Der Wuchs ist kompakt und buschig. Es liebt frische Böden und ist empfindlich gegen Hitze und Trockenheit, die den Befall mit Mehltau fördern. Vergissmeinnicht lässt sich leicht aus Samen heranziehen. Es sät sich auch willig im Garten aus und verwildert in den Beeten, wenn abgeblühte Blütenstände nicht rechtzeitig entfernt werden. Sehr gut zur Frühjahrsbepflanzung von Schalen und Trögen.

Duft    essbar    Schnittblume    giftig    pflegeleicht

# EIN BEET – ZWEIMAL SCHÖN

1 **Zwiebeln ausgraben:** Lockern Sie zunächst mit der großen oder kleinen Grabegabel den Boden auf. Achten Sie darauf, die Zwiebeln nicht zu verletzen. Ziehen Sie anschließend die Zwiebeln vorsichtig an den welken Blättern heraus.

2 **Zwiebeln trocknen:** Entfernen Sie grobe Erdreste und legen Sie die Zwiebeln auf Juteleinen oder Zeitungspapier eine Woche lang an einem kühlen luftigen, Platz zum Trocknen aus.

**Bei diesem Frühlingsbeet** fallen Pflegearbeiten in der Hauptsache bei der Unterpflanzung an. Die Forsythie macht so gut wie keine Arbeit.

## FRÜHJAHR

Im Frühjahr werden die Zweijährigen – **Tausendschön** und **Vergissmeinnicht** – eingesetzt. Während der Blütezeit machen auch diese Frühjahrsblüher kaum Arbeit. Lockern Sie lediglich hin und wieder die Erde rund um die Pflanzen auf und geben Sie ihnen bei anhaltender Trockenheit ordentlich Wasser. **Tulpen** und **Narzissen** bekommt es gut, wenn Sie die verwelkten Blüten abschneiden. So geht die Kraft nicht für Frucht- und Samenbildung verloren, sondern kommt der Blütenanlage für das nächste Jahr zugute.

Wenn Sie bei der **Forsythie** regelmäßig im Februar zwei bis drei alte, stark verzweigte Äste am Boden entfernen, treibt der Strauch immer junge, straffe und blühwillige Zweige nach. Ich empfehle Ihnen – anders als andere Fachleute – den Schnitt vor der Blüte. In unbelaubtem Zustand können Sie alte Triebe gut von jungen unterscheiden. Die geschnittenen Zweige stellen Sie dann in die Wohnung, sie blühen in aller Regel zu einem schönen Osterstrauß auf.

## SOMMER

Wenn die Frühjahrsblüte Mitte Mai vorbei ist, können Sie das Beet räumen. **Tausendschön** und **Vergissmeinnicht** sind am Ende ihres Lebenszyklus und werden in der Biotonne entsorgt. **Tulpen** und **Narzissen** dagegen sind zu schade zum Wegwerfen. Graben Sie sie vorsichtig aus, ohne

Pflege-Tipps

die Zwiebeln zu verletzen (→ Abb. 1). Sortieren Sie bereits beim Ausgraben fleckige, weiche oder gar faule Zwiebeln aus. Alle gesunden, prallen Zwiebeln werden in Kisten aufbewahrt (→ Abb. 2 und 3). Legen Sie dazu mehrere Lagen Zeitungspapier auf den Kistenboden und füllen darauf ein paar Zentimeter Sand oder Blumenerde. Legen Sie die gesäuberten, getrockneten Zwiebeln nebeneinander und decken alles mit Sand ab. Stellen Sie die beschrifteten Kisten bis zur Herbstpflanzung an einen kühlen, trockenen Platz. Richten Sie nun das Beet zur Neupflanzung her. Alles im Frühjahr gekeimte Unkraut wird sorgfältig entfernt. Streuen Sie anschließend einen Langzeitdünger auf die Fläche (→ Abb. 4 und 5). Langzeitdünger geben die Nährstoffe dosiert an die Pflanzen ab und eignen sich besonders gut zur Versorgung von Sommerblumen.

## HERBST

Wenn Sie das Frühlingsbeet ein zweites Mal in der beschriebenen Weise anlegen möchten, sollten Sie die Sommerblumen spätestens Anfang Oktober abräumen und entsorgen. Jetzt wird es höchste Zeit, die Zwiebelblumen aus ihrem Sommerlager zu holen und unter der Forsythie einzupflanzen. Gehen Sie dabei wieder wie auf den Seiten 44/45 beschrieben vor.

**3 Zwiebeln einlagern:** Entfernen Sie noch anhaftende Erde sowie vertrocknete Blätter und Stängel. Schichten Sie die sauberen Zwiebeln in eine mit Zeitungspapier und Sand ausgelegte Kiste, die sie kühl und trocken unterbringen. Kontrollieren Sie im Sommer hin und wieder die Zwiebeln.

**4 Dünger ausbringen:** Die Neubepflanzung benötigt Kraft. Messen Sie die erforderliche Düngermenge ab. Füllen Sie den Dünger in eine Schale und verteilen ihn gleichmäßig auf dem Beet.

**5 Dünger einarbeiten:** Arbeiten Sie den auf der Beetfläche ausgestreuten Dünger mit dem Krail in die oberste Erdschicht ein. Nun kann das Beet wieder neu bepflanzt werden.

# ZART, DAFÜR EDEL – DIE ZAUBERNUSS

### Das braucht man dazu:

**PFLANZEN**

a) 5 x Pfauenradfarn
*Adiantum pedatum*

b) 100 x Schneeglöckchen
*Galanthus nivalis*

c) 100 x Winterling
*Eranthis hyemalis*

d) 1 x Zaubernuss
*Hamamelis intermedia*

**ZUBEHÖR**
Krail, Grabegabel, Spaten, Handspaten, Schubkarre, Eimer, Zwiebelpflanzer, Kompost- oder Lauberde, Langzeitdünger, evtl. Astschere

**Nicht so auffällig** wie die Forsythie präsentiert sich die Zaubernuss zur Blütezeit. Ein edles Gehölz für einen ausgesuchten Platz im Garten. Die zarten, duftenden Blüten erscheinen oft bereits im Dezember. Der elegante Wuchs und die leuchtende Herbstfärbung machen diesen Strauch zusätzlich attraktiv. Ihm zu Füßen breiten sich Schneeglöckchen und Winterling aus und blühen unverdrossen – auch bei Schnee und Kälte. Nach der Blüte ziehen sich diese pflegeleichten Zwiebelblumen wieder ins Erdreich zurück. Zur gleichen Zeit entrollen sich die zarten Wedel des Pfauenradfarns, der sich im Schatten der Zaubernuss so richtig wohlfühlt. Belässt man das Falllaub an Ort und Stelle, so müssen Sie nur abgestorbene Äste der Zaubernuss abschneiden, bei langer Trockenheit gießen, gelegentlich mulchen.

### KURZINFO

| | |
|---|---|
| Anlage | Sept. – Nov. |
| Standort | sonnig bis halbschattig |
| Bodentyp | humos |
| Beetgröße | 3 x 2 m |
| Zeitbedarf | 3–4 Std. |
| Pflegebedarf | einige Stunden im Jahr |
| Level | ❋ |

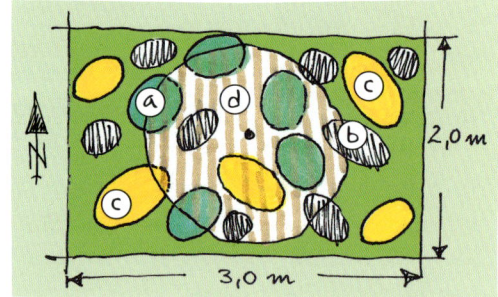

Eine Beet-Variante

1 Pfauenradfarn
*Adiantum pedatum*

BLÜTEZEIT: keine Blütenpflanze, HÖHE: 40 cm
Breitbuschiger, **winterharter Farn**. Wunderschöne Blattschmuckpflanze. Blätter werden im Herbst braun. Liebt kühle feuchte Plätze.

2 Schneeglöckchen
*Galanthus nivalis*

BLÜTEZEIT: Januar – März, HÖHE: 10–15 cm
**Winterharte Zwiebelblume.** Wildform. Absolut anspruchslos an Boden und Licht. Verwildert, wenn die Erde nicht gehackt wird.

3 Winterling
*Eranthis hyemalis*

BLÜTEZEIT: Februar, HÖHE: 5–10 cm
**Ausdauernde Knollenpflanze,** bildet durch Aussaat dichte Teppiche. Blüht auch im Schatten der Bäume. Anspruchslos.

4 Zaubernuss
*Hamamelis intermedia*

BLÜTEZEIT: Dez. – März, HÖHE: 3–4 m
Großer Strauch. Langsamwüchsig. **Kostbarer Winterblüher** mit frostfesten, duftenden Blüten und schöner Herbstfärbung.

Sonne   Halbschatten   Schatten   winterhart   Duft   pflegeleicht

Betörend - dieser Duft!

IM MITTELPUNKT DIESES BUNTEN BLUMENBEETES STEHT DAS ROSENHOCHSTÄMMCHEN, DAS VON JUNI BIS OKTOBER ÜPPIGSTE BLÜTENPRACHT ZEIGT UND ZUDEM NOCH HERRLICH DUFTET.

# Rosige Zeiten für den Garten

4

# Ein Blütenteppich liegt ihr zu Füßen

## Das braucht man dazu:

**PFLANZEN**

a) 5 x Bartiris
*Iris barbata elatior*

b) 7 x Feinstrahlaster
*Erigeron*-Hybride
'Dunkelste Aller'

c) 5 x Lupine
*Lupinus podophyllus*
'Mein Schloss'

d) 5 x Mehliger Salbei
*Salvia farinacea*

e) 1 x Rosen-Hochstämmchen
*Rosa*-Hybride 'Aprikola'

f) 6 x Schmuckkörbchen
*Cosmea bipinnatus* in Sorten

g) 3 x Sonnenbraut
*Helenium*-Hybride 'Kanaria'

h) 10 x Zinnie
*Zinnia elegans* in Sorten

**ZUBEHÖR**
Schubkarre, Spaten, Handspaten, Blumenerde, Kompost, Sand, Wassereimer, Pflanzstab (ca. 120 cm lang), Kokosstrick, Garten-Vlies, Stahlband oder Rasenkantensteine, Trittplatten

**KURZINFO**

| | |
|---|---|
| Anlage | Juni |
| Standort | sonnig |
| Bodentyp | lehmig-sandig |
| Beetgröße | 3 x 4 m |
| Zeitbedarf | 6 – 8 Std. |
| Pflegebedarf | ca. 1 Std./Woche |
| Level | ✼ ✼ |

„**Die Königin der Blumen**" – die Rose – sollte in keinem Garten fehlen. Die Schönheit ihrer Blüten und der wundervolle Duft machen diese Pflanze so einzigartig. Auf einen Stamm veredelt kommt die Blumenkönigin besonders gut zur Geltung. In luftiger Höhe thront sie über ihrem blühenden Gefolge und kann auf Augenhöhe bequem von allen Seiten bewundert werden. Stammrosen sind sehr Platz sparend und eignen sich daher besonders gut für kleine Gärten. Sie können viele Gartensituationen verzaubern: am Hauseingang, entlang eines Weges oder wie hier als Mittelpunkt und Blickfang eines Blumenbeetes. Legen Sie das Beet in der Nähe der Terrasse oder eines Sitzplatzes an, damit Sie den Zauber der Rosenblüte aus nächster Nähe genießen können.

## Hoch hinaus

Ein Rosenhochstamm besteht aus einer zum Stamm gezogenen Wildrose, auf die die Knospen einer Edelsorte eingesetzt (der Gärtner sagt „veredelt") werden. Aus den Edelaugen entsteht dann

# Die Beet-Idee

die Krone. Die Veredelungsstelle muss im Winter vor starken Frösten geschützt werden (→ Seite 62). Achten Sie beim Einkauf in der Baumschule auf die richtige Höhe. Damit die Rosenkrone in gebührendem Abstand über ihrem Fußvolk steht und gut zur Geltung kommt, sollte die Stammhöhe schon 90 cm betragen. In jedem Fall braucht der Rosenstamm zeitlebens eine stabile Stütze.

## Der richtige Standort

Die Rose ist, was den Standort betrifft, durchaus wählerisch. Sie mag es gern hell und luftig, keinesfalls aber zugig. Stehende Hitze an Südmauern behagt ihr genauso wenig wie Schatten und Wurzeldruck von Bäumen und Sträuchern. Rosen sind Tiefwurzler und brauchen tiefgründig lockeren Boden. Eine lehmige Erde mit hohem Sandanteil und einer Oberschicht aus Humus ist ideal. Aber auch sandige Böden können durch Zugabe von Tonmehl und etwas Kompost „rosentauglich" gemacht werden. Verwenden Sie keinen Torf. Er macht den Boden zu sauer. Und das wiederum gefällt den Rosen auch wieder nicht. Sie gedeihen am besten bei einem pH-Wert zwischen 6 und 7.

Im Rosenbeet gibt es immer etwas zu tun. Die Rose muss geschnitten und vor dem Winter mit Vlies eingepackt werden. Die einjährigen Begleiter müssen gepflanzt und abgeräumt werden, Verblühtes ist regelmäßig abzuschneiden. All diese Arbeiten werden jedoch mit sommerlanger üppiger Blüte reich belohnt.

## Auf die Sorte kommt es an

Mehltau, Rosenrost, Sternrußtau, so heißen die drei Pilzkrankheiten, die den Rosen oftmals schwer zu schaffen machen. Seit geraumer Zeit setzen namhafte Rosenzüchter daher ihren Ehrgeiz daran, Sorten auszulesen, die diesen Krankheiten die Stirn bieten und vom Austrieb bis zum ersten Frost mit makellos grünem Laub glänzen. Eine dieser neuen blattgesunden und pflegeleichten Sorten heißt 'Aprikola'. Wer diese Rose sieht, ist fasziniert von ihrem täglich wechselnden Far-

### Das ADR-Gütesiegel

Mit dem ADR-Gütesiegel werden besonders robuste und gesunde Rosensorten ausgezeichnet, die sich zudem durch Farbe, Duft und Blütenform hervorheben. ADR steht für „Allgemeine Deutsche Rosenneuheiten-Prüfung". Diese Prüfung wurde 1950 eingeführt und legt Qualitätsstandards fest.

benspiel, das an sonnengereifte Aprikosen erinnert. Unermüdlich blühend und süß duftend, trägt diese Rose zu Recht das ADR-Gütesiegel.

## Passende Begleiter

Die klassischen Rosenbeete wurden nur mit Rosen, meist sogar mit nur einer Sorte bepflanzt. Heutige Rosenpflanzungen sind naturhafter und weniger streng. In unserem Beet sind die Rosenbegleiter bunt gemischt: Einjährige Sommerblumen blühen mit mehrjährigen Gartenblumen um die Wette. Wählen Sie Partner, die die gleichen Standortansprüche haben. Gänzlich ungeeignet sind starkwüchsige, ausläufertreibende Pflanzen! Achten Sie stets darauf, dass die Partner genügend Abstand halten. Die Rose sollte mindestens 50 cm offenen Boden um sich herum haben.

# SO LEGEN SIE DAS ROSENBEET AN

**Rosen im Topf** können ganzjährig bei frostfreiem Wetter gepflanzt werden, auch und gerade während der Blüte. Der Container macht es möglich. Fahren Sie im Juni zur Rosenblüte in die Baumschule und suchen sich Ihre Lieblingsrose aus. Auch Stauden und Sommerblumen im Container wachsen im Juni besonders schnell an. Wählen Sie für die Pflanzaktion einen trockenen, eher kühlen Tag im Frühsommer. Regennasser Boden würde beim Betreten leicht verdichten, bei großer Hitze dagegen müssten Sie ständig gießen.

## Im Mittelpunkt die Rose

Wenn das Rosenbeet – wie hier – im Rasen liegt, bereiten Sie es so vor, wie beim Präriebeet auf Seite 73/74 beschrieben. Arbeiten Sie in schwere Lehmböden (→ Seite 66) reichlich groben Sand oder feinen Kies (ca. 20 Liter pro m$^2$) ein, damit die Erde lockerer wird. Auch Kompost wird gleich in geringen Mengen (3 Liter pro m$^2$) verteilt. Leichte sandige Böden verbessern Sie ebenfalls mit Kompost und geben zusätzlich wasser- und nährstoffspeicherndes Tonmehl (Bentonit) hinzu (Menge laut Packungsanweisung). Pflanzen Sie zuerst den Blickfang: die Rose. Sie braucht auf jeden Fall einen stützenden Stab. Und der kommt vor der Rose in den Boden. Wenn Sie erst die Rose setzen und dann den Stützpfahl einschlagen, könnten Rosenwurzeln verletzt werden. Für den Anfang genügt ein Stab aus Kunststoff oder dickem Bambus, auch ein Besenstiel eignet sich als Stütze. Wenn der Hochstamm nach einigen Jahren größer und ausladender geworden ist, lohnt sich die Anschaffung eines Stützgestells aus Eisen. Das stützt nicht nur sehr gut, es ziert auch noch!

Wässern Sie die Rose vor dem Pflanzen gut und topfen Sie sie anschließend vorsichtig aus. Setzen Sie die Rose nun so nah wie möglich an den Stützstab ins Pflanzloch. Entfernen Sie den Bambusstock, an dem die Rose im Topf schon befestigt ist, vorerst noch nicht. Er gibt dem noch schwachen Stämmchen zusätzlich Stabilität und sorgt für geraden Wuchs. Nach dem Auffüllen der Erde wird der Rosenstamm am Stützstab fixiert. Als Bindematerial besonders geeignet ist Kokosstrick, den Sie im Baumarkt bekommen. Anschließend werden die Rosenbegleiter eingepflanzt. Achten Sie darauf, dass die Rose den nötigen Freiraum um sich herum hat. Ein Kreis von 50–100 cm Durchmesser um den Stamm herum sollte unbepflanzt bleiben. Mehrjährige Partner wie Feinstrahlaster werden von Jahr zu Jahr größer und durchwurzeln den Boden. Sie stehen daher in größerer Entfernung zur Rose als die Einjährigen, die kaum Konkurrenz machen.

**1 Pflanzloch ausheben:** Bestimmen Sie zunächst den Pflanzplatz für die Rose und heben Sie dann das Pflanzloch aus. Es sollte doppelt so groß wie der Topfballen der gekauften Rose sein. Lockern Sie den Grund des Pflanzlochs möglichst tief und gründlich auf.

Die richtige Anlage

**2 Pflanzen wässern:** Tauchen Sie die Rose und die Begleitpflanzen mitsamt dem Topf so lange unter Wasser, bis keine Luftblasen mehr aufsteigen. Einmal gepflanzt, nehmen trockene Topfballen nur sehr mühsam Feuchtigkeit auf.

**3 Pflanzstab setzen:** Der Pflanzstab sollte mindestens 120 cm lang sein, damit er nach dem Einschlagen auch noch bis in die Rosenkrone hinauf reicht. Schlagen Sie ihn mit dem Gummihammer so tief ein, dass er gut festsitzt.

**4 Rose einsetzen:** Topfen Sie die Rose vorsichtig aus (stark durchwurzelte Ballen mit dem Messer seitlich anreißen, ringförmige Wurzeln am Ballengrund ganz abschneiden). Rose nun bündig mit der Erdoberfläche einsetzen – nicht tiefer!

**5 Erde auffüllen:** Rosenwurzeln sind sehr lufthungrig! Hüten Sie sich also davor, die aufgefüllte Erde mit dem Absatz festzutreten. Besser ist es, die Erde möglichst fein zu zerkrümeln und mit dem Spaten von allen Seiten sanft an den Topfballen zu drücken.

 **ROSIGE ZEITEN FÜR DEN GARTEN**

**6 Rose anbinden:** Schneiden Sie vom Kokosstrick ca. 2 m ab. Schlingen Sie den Strick wie eine liegende 8 um Rosenstamm und Stützstab. Die Schlaufenmitte wird stramm umwickelt, das Strickende am Pfahl verknotet.

**7 Erde auflockern:** Durch das Anbinden der Rose ist der Boden zusammengetreten und verdichtet worden. Lockern Sie die Erde mit dem Krail gründlich auf. In diesem Zuge können Sie gleich Zuschlagstoffe wie Kompost einarbeiten.

**8 Begleitpflanzen anordnen:** Stellen Sie nun mithilfe der Pflanzskizze die ausgewählten Begleitpflanzen auf der Beetfläche aus. Noch können Sie Töpfe hin und her schieben – bis das Bild Ihren Wünschen entspricht.

**9 Begleitpflanzen einsetzen:** Topfen Sie die einzelnen Pflanzen vorsichtig aus. Heben Sie mit dem Handspaten das Pflanzloch aus und setzen Sie die Pflanze so ein, dass die Ballenoberfläche bündig mit der Erdoberfläche abschließt.

Die richtige Anlage

**10 Pflanzen andrücken:** Füllen Sie das Pflanzloch mit Erdaushub auf und drücken Sie die Erde mit sanftem Druck seitlich mit dem Handspaten an den Topfballen an. So bekommt der Ballen Erdschluss, ohne dass der Boden verdichtet wird.

**11 Angießen:** Nehmen Sie sich Zeit zum Angießen der einzelnen Pflanzen. Je besser die Erde an den Topfballen geschlämmt wird, umso schneller bilden die Pflanzen neue Wurzeln. Gießen Sie mehrmals langsam um den Wurzelballen an.

**12 Pflanzfläche auflockern:** Zum Abschluss sollten Sie die Bodenoberfläche noch einmal mit dem Krail gründlich lockern. Das dient zur guten Belüftung der Erde und hält die Feuchtigkeit besser im Boden, gemäß der alten Gärtner-Weisheit: „Einmal gehackt, ist zweimal gegossen."

## 4 ROSIGE ZEITEN FÜR DEN GARTEN

# DIE KÖNIGIN UND IHR HOFSTAAT

**1 Bartiris**
*Iris barbata elatior*

BLÜTEZEIT: Mai – Juni, HÖHE: 70–120 cm
Mehrjährige, **winterharte Gartenblume**. In vielen Blütenfarben erhältlich. Breitet sich im Lauf der Jahre langsam aus.

**2 Feinstrahlaster**
*Erigeron*-Hybride 'Dunkelste Aller'

BLÜTEZEIT: Juni – Juli (Sept.), HÖHE: ca. 60 cm
Reich blühende, buschige Staude. Mehrjährig und winterhart. **Lange Blütezeit.** Durch Rückschnitt nach der Blüte 2. Flor im Spätsommer. Weitere Sorten in Rosa und Weiß.

**3 Lupine**
*Lupinus podophyllus* 'Mein Schloss'

BLÜTEZEIT: Mai – Juni, HÖHE: ca. 80 cm
Mehrjährige, aber **kurzlebige Blütenstaude**. Winterhart. Nach der Blüte unbedingt bodennah zurückschneiden, sonst unansehnlich.

**4 Mehliger Salbei**
*Salvia farinacea*

BLÜTEZEIT: Juni – Oktober, HÖHE: ca. 60 cm
Mehrjährige, jedoch im Freien nicht winterharte Sommerblume. **Schöner Dauerblüher**, der sich in jede sonnige Beetsituation einfügt. Lässt – anders als andere Salbei-Arten – bei Trockenheit schnell die Blätter hängen. Das Abschneiden welker Blütenstände sorgt für Nachblüte. Überwinterung am besten im Kübel, frostfrei und hell.

☼ Sonne  ◐ Halbschatten  ● Schatten  Ein-/Zweijährige  ❄ winterhart

### 5 Rosen-Hochstämmchen
*Rosa*-Hybride 'Aprikola'

BLÜTEZEIT: Juni – Oktober, HÖHE: ca. 70 cm (ohne Stamm)
Neuzüchtung. Hochstammrose. Gefüllte duftende Blüten mit orangeroten Knospen, im Aufblühen in Aprikosengelb bis Rosa übergehend. **Öfterblühend**. Gesundes, glänzendes Laub. Besonders winterharte und pilzresistente Sorte. ADR-Rose 2001. Auch als Beetrose und Halbstamm erhältlich.

### 6 Schmuckkörbchen
*Cosmea bipinnatus*

BLÜTEZEIT: Juni – Oktober, HÖHE: ca. 60 cm
Einjährige Sommerblume mit großen, ungefüllten Blüten in Weiß, Rosa, Rot und Violett. **Buschig wachsend.** Besonders schönes frischgrünes, gefiedertes Laub.

### 7 Sonnenbraut
*Helenium*-Hybride 'Kanaria'

BLÜTEZEIT: Aug. – Sept., HÖHE: ca. 150 cm
Mehrjähriger, winterharter Sommerblüher. **Präriepflanze.** Bildet im Lauf der Jahre breite Büsche. Guter Partner auch zu Gräsern.

### 8 Zinnie
*Zinnia elegans*

BLÜTEZEIT: Juni – Oktober, HÖHE: ca. 50 cm
Besonders farbenprächtige einjährige Sommerblume. **Unermüdlicher Dauerblüher.** Viele Sorten in allen Farben.

Duft   essbar   Schnittblume   giftig   pflegeleicht

**ROSIGE ZEITEN FÜR DEN GARTEN**

# ETWAS PFLEGE MUSS SCHON SEIN!

**2 Verwelkte Blüten schneiden:** Wenn Sie bei der Rose verwelkte Blütentriebe um ca. 15 – 20 cm einkürzen, dann haben Sie Blütenpracht bis zum Herbst. Handschuhe anziehen!

**Widmen Sie sich** Ihrem frisch gepflanzten Rosenbeet im ersten Jahr am besten einmal pro Woche. Entfernen Sie regelmäßig Unkraut und gießen Sie alle Pflanzen einmal wöchentlich durchdringend.

## FRÜHLING

Im März, April, wenn die Forsythien blühen, wird die **Rosen**krone ausgelichtet und zurückgeschnitten. Nehmen Sie ein gutes Fachbuch (→ Seite 157) zu Hilfe oder bitten Sie eine Fachkraft, Ihnen den richtigen Rosenschnitt zu zeigen.

Im Mai werden dann wieder **Schmuckkörbchen** und **Zinnien** in die Lücken zwischen die mehrjährigen Pflanzen gesetzt. Wenn Sie einen sandigen, nährstoffarmen Boden haben, arbeiten Sie für die Sommerblumen gleich einen Langzeitdünger nach Packungsanweisung ein. Lehmböden brauchen keine zusätzlichen Nährstoffe.

**1 Winterschutz anbringen:** Schützen Sie Ihre Rose vor starkem Frost mit einem Vlies. Legen Sie dieses aber erst Ende Dezember an, sonst treibt die Rose eventuell zu früh aus. Hüllen Sie die Krone ein und binden Sie das Vlies ca. 5 cm unterhalb des Kronenansatzes fest.

Pflege-Tipps

**3** **Wildtriebe ausbrechen:** Wildtriebe nicht mit der Schere abschneiden, sonst kommen an der gleichen Stelle mehrere neue. Drücken Sie ihn mit dem Daumen nach unten, bis er abbricht.

## SOMMER

In den Sommermonaten kommt vor allem die Schere zum Einsatz. Schneiden Sie verwelkte Blüten an **Rose** (→ Abb. 2), **Mehligem Salbei**, **Schmuckkörbchen** und **Zinnien** gleich ab. Das sichert einen durchgehenden Flor bis zum Frost. Die **Feinstrahlaster** reagiert auf einen bodennahen Rückschnitt nach der Blüte mit neuem Austrieb und einer zweiten Blüte im September. Auch die **Lupine** sollten Sie bis zum Boden zurückschneiden (→ Abb. 4). Sie blüht zwar nicht mehr, ziert aber mit frischen grünen Blättern das Beet. Die verwelkten Blütenstiele der **Bartiris** können Sie Ende August am Ansatz abschneiden. Sollte die Iris nach einigen Jahren in der Blühleistung nachlassen, ist jetzt auch eine gute Zeit, die Pflanzen zu verjüngen (→ Seite 120).
Entfernen Sie die Wildtriebe an der **Rose**, sobald Sie welche entdecken (→ Abb. 3).

## HERBST

Die einjährigen Blumen werden spätestens nach dem ersten Frost abgeräumt. Bei der Gelegenheit können Sie **Sonnenbraut**, **Lupine** und **Feinstrahl-**

**aster** auch gleich bodengleich zurückschneiden. Winterschutz braucht nur die **Rose** (→ Abb. 1). Entfernen Sie jetzt auch noch einmal alles Unkraut, das spart Ihnen im Frühjahr viel Arbeit. Graben Sie den Boden zwischen den mehrjährigen Pflanzen nicht um, wie es oft empfohlen wird. Dadurch werden die Wurzeln der Stauden unnötig verletzt. Stattdessen können Sie den Boden mit einem Gemisch aus Rasenschnitt und Laubhäcksel dünn abdecken.

> **Was tun, wenn ...**
>
> **... Blattläuse die Rosenknospen befallen?**
> Auch die robuste Rose 'Aprikola' ist gegen Befall mit Blattläusen nicht gefeit. Nach meiner Erfahrung ist eine Bekämpfung mit Pflanzenschutzmitteln aber nicht nötig. Es gibt einige Gartenbewohner wie Marienkäfer und Meisen, die sich eifrig über die Plagegeister hermachen.

**4** **Lupine zurückschneiden:** Ende Juni ist die Blütezeit der Lupine beendet. Schneiden Sie die Staude nun bis zum Boden zurück, dann treibt sie bald attraktive frischgrüne Blätter nach.

# EIN ROSENQUARTETT FÜR DEN GARTEN

**Das braucht man dazu:**

PFLANZEN
a) 50 x Buchsbaum
   *Buxus sempervirens*
b) 3 x Rittersporn
   *Delphinium elatum*
   'Augenweide'
c) 4 x Hochstamm-, 2 x Beetrose
   *Rosa* 'Aspirin'
d) 6 x Steppensalbei
   *Salvia nemorosa* 'Mainacht'
e) 6 x Weicher Frauenmantel
   *Alchemilla mollis*

ZUBEHÖR
wie Seite 54, aber ohne Stahlband oder Rasenkantensteinen

**Hochstammrosen im Beet** sind immer ein Blickfang. In dieser Pflanzung wurden formale und spielerische Gestaltungselemente gekonnt gemischt: Eine streng geschnittene Buchsbaumhecke fasst das rechteckige Beet ein und gibt ihm einen immergrünen Rahmen. Ebenfalls zum Rechteck angeordnet stehen die weißen Rosenkronen, untermalt von einer bunten Mischung blühender Rosenkavaliere: Gelbgrüner Frauenmantel, violetter Steppensalbei und blauer Rittersporn lassen das Weiß der Rose noch strahlender scheinen. Der schöne Anblick dieses Rosenbeetes rechtfertigt den erhöhten Pflegeaufwand: Die Buchshecke muss regelmäßig in Form geschnitten, verwelkte Blüten an Rose und Steppensalbei entfernt und der Frauenmantel zurückgeschnitten werden. Der Rittersporn braucht eine Stütze.

KURZINFO

| | |
|---|---|
| Anlage | März – Juni, Sept. – Nov. |
| Standort | sonnig |
| Bodentyp | lehmig-sandig |
| Beetgröße | 3 x 2 m |
| Zeitbedarf | 6–8 Std. |
| Pflegebedarf | ca. 3 Std./Monat |
| Level | ✿✿ |

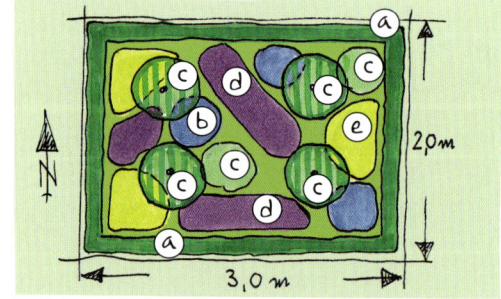

Eine Beet-Variante

**1** Rittersporn ☼ ❄ ✂
*Delphinium elatum* 'Augenweide'

BLÜTEZEIT: Juni – Juli, Sept. – Okt., HÖHE: 160 cm
Mehrjährige, winterharte Gartenblume mit prachtvollen Blütenkerzen. **Neue, mehltaufeste Sorte.** Rückschnitt nach der Blüte bringt zweiten Flor im Herbst. Liebt Kompost.

**2** Rose ☼ ❄
*Rosa* 'Aspirin'

BLÜTEZEIT: Juni – Oktober, HÖHE: 60–80 cm
Bodendeckerrose. Auch als Hochstämmchen erhältlich. ADR-Rose 1995. Neue, blattgesunde Sorte. Weiße gefüllte Blüten färben sich bei kühler Witterung roséfarben. **Reich blühend** und schwach duftend.

**3** Steppensalbei ☼ ❄
*Salvia nemorosa* 'Mainacht'

BLÜTEZEIT: Mai/Juni, Aug. – Okt., HÖHE: 40 cm
**Mehrjährige Blütenstaude**, winterhart. Robust und gesund. Rückschnitt nach der Blüte auf 5 cm über dem Boden, bringt zweiten Flor ab August. Blüht auf nährstoffreichen Böden durch. Verträgt Hitze und Trockenheit. Sehr anspruchslos, was den Boden betrifft. Nur in der Anwachsphase wässern.

**4** Weicher Frauenmantel ☼ ◐ ❄ ✂
*Alchemilla mollis*

BLÜTEZEIT: Juni – Juli, HÖHE: ca. 50 cm
Mehrjährige Gartenblume, winterhart. Interessante gelbgrüne Blütenfarbe, **attraktives Laub**. Idealer Rosenbegleiter. Rückschnitt nach der Blüte verhindert Aussamen.

☼ Sonne    ◐ Halbschatten    ❄ winterhart    ✂ Schnittblume

# LERNEN SIE DIE BODENARTEN KENNEN

**Für ein gesundes Wachstum** der Pflanzen ist die Art des Bodens sehr wichtig. So fühlen sich Rosen in nährstoffreichen Lehmböden am wohlsten; Azaleen, Farne und Rhododendren lieben dagegen leicht saure Humuserde. Lavendel und Thymian wiederum gedeihen am besten in durchlässigen, steinigen, eher kalkhaltigen Böden. Die Kenntnis des im Garten vorhandenen Bodens ist also die Grundlage für erfolgreiches Gärtnern. Lernen Sie Ihre Bodenart kennen. Mit den hier beschriebenen Verfahren geht das einfach und schnell. Haben Sie den Bodentyp Ihres Gartens herausgefunden, dann gibt es zwei Wege:

1. Sie passen die Pflanzenauswahl dem vorhandenen Boden an. Das spart Ihnen viel Arbeit bei Anlage und Pflege der Beete.
2. Sie bereiten durch Zugabe von Kompost, Tonmehl, Schotter oder grobem Sand den Boden so vor, dass sich Ihre Wunschpflanzen darin wohlfühlen. Das erfordert etwas Aufwand.

**1 Schlämmprobe:** Sie zeigt an, zu welchen Anteilen Sand oder Steine, Ton und Humus in Ihrem Boden vorhanden sind. Geben Sie eine Handvoll Erde in ein Marmeladenglas und füllen das Glas dann mit Wasser auf. Schließen Sie den Deckel, schütteln das Glas kräftig und lassen es dann etwa einen Tag lang stehen. Jetzt haben sich die Bodenteile in Schichten abgelagert: zuunterst Sand und Steine, darüber die leichteren Tonteilchen, an der Oberfläche schwimmen Humuspartikel.

**2 pH-Wert-Messung:** Die meisten Pflanzen gedeihen auf einem neutralen Boden (pH-Wert 7). Mit einem Teststreifen können Sie ganz einfach den pH-Wert (Säuregehalt) Ihres Bodens bestimmen. Schütteln Sie die Schlämmprobe kräftig auf und halten Sie den Teststreifen hinein. Verfärbt er sich rötlich, ist der Boden sauer (pH unter 7), verfärbt er sich bläulich, ist der Boden kalkhaltig (pH über 7). Am besten, Sie stimmen Ihre Pflanzenauswahl auf den pH-Wert ab.

Lernen Sie die Bodenarten kennen

3 **Humoser Boden:** Sehr dunkel, fast schwarz liegt die Erdprobe in Ihrer Hand. Sie ist eher krümelig und lässt sich wie ein Schwamm zusammendrücken. Humoser Boden enthält viel verrottetes organisches Material wie Laub, Nadeln und andere Pflanzenabfälle. Er entsteht unter Bäumen, aber auch durch jahrelange Zugabe von Kompost oder organischem Mulch, ist locker, gut belüftet und sehr leicht zu bearbeiten. Je nach Zersetzungsgrad und Ausgangsmaterial ist humoser Boden schwach bis stark sauer.

4 **Lehmboden:** Rollen Sie eine Handvoll feuchter Erde zwischen den Handflächen hin und her. Lässt sich die Probe gut formen und kneten, handelt es sich um lehmigen (schweren) Boden. Lehm ist eine Mischung aus Sand und Ton. Lehmboden speichert Nährstoffe und Wasser gut. Er braucht in der Regel nicht gewässert und gedüngt zu werden. Allerdings lässt er sich schwer bearbeiten und neigt zu Verdichtungen. Grober Sand oder Splitt verbessert die Durchlässigkeit.

5 **Sandiger, steiniger Boden:** Wenn sich eine angefeuchtete Erdprobe gar nicht formen lassen will und stattdessen zwischen den Fingern durchrieselt, haben Sie sandigen oder steinigen Boden. Er ist sehr gut belüftet, erwärmt sich rasch und lässt Niederschlagswasser schnell abfließen. Diese Eigenschaften schätzen z. B. viele Steppenpflanzen. Wenn Sie in diese Erde Tonmehl (Bentonit) oder Kompost einarbeiten, verbessern Sie die Speicherkapazität für Wasser und Nährstoffe.

JEDEN SOMMER AUFS NEUE
VERWANDELN BLÜTENSTAUDEN AUS
NORDAMERIKA DEN GARTEN FÜR EIN PAAR
WOCHEN IN EIN WAHRES BLÜTENMEER –
EIN PLATZ ZUM TRÄUMEN!

# Gartentraum in sattem Pink

5

# 5 GARTENTRAUM IN SATTEM PINK

# Pflegeleichter Blütentraum – das Präriebeet

## Das braucht man dazu:

**PFLANZEN**

a) 10 x Indianernessel
   *Monarda*-Hybride 'Prärienacht'

b) 5 x Kandelaber-Ehrenpreis
   *Veronicastrum virginicum* 'Alba'

c) 10 x Prachtscharte
   *Liatris spicata*

d) 10 x Präriekerze
   *Camassia leichtlinii* 'Caerulea'

e) 7 x Purpursonnenhut
   *Echinacea purpurea*

f) 5 x Staudenphlox
   *Phlox paniculata* 'Düsterlohe'

**ZUBEHÖR**

Schubkarre, Spaten, Kompost, Sand, Trittplatten, Kelle, Eisenpflöcke, Schnur, Hammer, Stahlkanten, Holzklotz, Heckenschere, Zwiebelpflanzer

## KURZINFO

| | |
|---|---|
| Anlage | Sept. – Okt., März – Juni |
| Standort | sonnig bis lichtschattig |
| Bodentyp | lehmig-sandig oder humos |
| Beetgröße | 3 x 3 m |
| Zeitbedarf | 4–5 Std. zu zweit |
| Pflegebedarf | 1 Std./Woche, später gelegentlich im Jahr |
| Level | ✿✿ |

**Ganz neu ist das Thema nicht:** Sonnenhut und Prachtscharte sind bekannte und beliebte Gartenblumen, deren Wildformen aus den weiten Prärien Nordamerikas stammen. Neu sind aber Präriebeete, wie sie zunächst auf Gartenschauen zu sehen waren, inzwischen aber in immer mehr Hausgärten angelegt werden.

Getreu dem natürlichen Vorbild entstehen besonders pflegeleichte, lebendige und faszinierende Blumenbeete. Je nach Bodenart gibt es ganz unterschiedliche Pflanzenkombinationen. Manche Stauden mögen es eher trocken und mager, andere – wie in unserem Beispiel – blühen in feuchten, nährstoffreichen Böden erst richtig auf. Allen gemeinsam ist: Sie lieben die Sonne und den Wind. Büsche und Bäume dürfen wohl in gehörigem Abstand stehen und zwischendurch leichten Schatten spenden, im Präriebeet selber haben sie nichts zu suchen. In unserem Präriebeet stehen lauter mehrjährige, winterharte Pflanzen.

## Der Blütenreigen beginnt

Eröffnet wird die Blühsaison Anfang Mai mit der Präriekerze, einer Zwiebelblume. Wie bei Tulpen oder Narzissen werden Blätter und Blütenstände

nach der Blüte gelb und ziehen schließlich ein. Trieb- und Blütenknospen schlummern bis zum nächsten Jahr unterirdisch in der Zwiebel. Wenn sie sich wohlfühlt, samt sich die Präriekerze aus, ohne jemals zu stören. Von dieser blauen Schönheit kann man gar nicht genug haben. Pflanzen Sie über das Beet verteilt mehrere Zwiebeln zusammen in kleinen Tuffs. So kommen sie gut zur Wirkung. Um das absterbende Laub brauchen Sie sich nicht zu kümmern. Das übernehmen die Nachbarpflanzen, die alles Vergilbte mit ihren frischen Trieben und Blättern kaschieren. Alle anderen Blumen wie Prachtscharte und Sonnenhut bleiben bis zum Herbst grün. Erst mit den ersten Nachtfrösten wird ihr Laub welk und braun. Die Pflanzen überdauern die Wintermonate in unterirdischen Knospen, um im Frühjahr wieder frisch auszutreiben. Genau wie die Präriekerze wirken Indianernessel und Co. am besten in größeren Gruppen. So kommt die Blütenfarbe und – fast noch wichtiger – die Blütenform erst richtig zur Geltung. Die straffen dynamischen Kerzen des Kandelaber-Ehrenpreises und der Prachtscharte stehen in reizvollem Kontrast zu den flachen Blütenscheiben des Purpursonnenhutes und den rundlichen Blütenkuppeln des Staudenphloxes. Auch die Blütenfarben harmonieren sehr schön miteinander: Dunkles Purpurviolett trifft auf Weinrot und Rosaviolett, dazwischen immer wieder auflockerndes Weiß.

### Aufeinander abgestimmt

Lassen Sie die einzelnen Gruppen ruhig ineinanderfließen, die Pflanzung soll ja ganz natürlich und nicht wie auf dem Reißbrett geplant aussehen. Ganz genau lässt sich die Entwicklung der Pflanzen sowieso nicht vorhersagen, das lehrt die praktische Erfahrung. Manche Pflanzen fühlen sich gleich besonders wohl und breiten sich üppiger aus, andere wachsen nicht so flott wie geplant und brauchen vielleicht länger, um sich durchzusetzen. Alle hier verwendeten Pflanzen sind aber so aufeinander abgestimmt, dass sie auch in ihrem Konkurrenzverhalten gut miteinander harmonieren und jede einzelne Art ihren Platz im Beet behaupten kann. Übrigens machen die Blumen nicht nur uns Menschen Freude: Alle miteinander bieten einen reich gedeckten Tisch für Bienen, Schmetterlinge und andere Insekten.

### Gut getrennt

Ob Sie das Beet rechteckig oder mit geschwungenen Kanten anlegen, ist Geschmackssache. Trennen Sie aber nach Möglichkeit den Rasen vom Beet, damit das Gras nicht in die Pflanzung wuchert. Sie können die Rasenkante mit dem Spaten oder einem speziellen Rasenkantenstecher regelmäßig sauber abstechen. Sie sparen sich aber viel Mühe, wenn Sie das Gras mit einer Beeteinfassung aus Stahlblech vom Beet abtrennen (→ Abb. 7). Das Blech ist nach dem Anbringen fast unsichtbar und fügt sich in das Gesamtbild besser ein als eine Einfassung mit Rasenkantensteinen. Trittplatten im Beet erleichtern die Pflege. Sie sollten so groß sein, dass Sie bequem darauf stehen und sich umdrehen können. Sie brauchen kein Fliesenleger zu sein: Es reicht, wenn die Platten fest obenauf liegen und nicht wackeln.

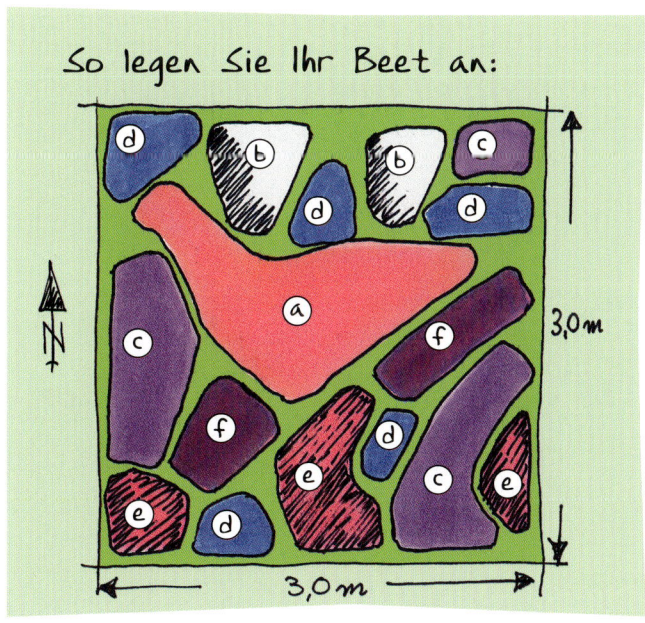

# AUCH „WILDNIS" WILL GEPLANT SEIN

**Selbst beim „wilden" Präriebee**t führt nur eine gründliche Planung und Vorbereitung zum Erfolg. Überlegen Sie zu allererst, wo Sie das Präriebeet anlegen wollen. Sie brauchen einen sonnigen Platz, der möglichst auch – vor allem in den Sommermonaten, wenn die Präriestauden in voller Blüte stehen – gut zu sehen sein sollte.

## Der richtige Zeitpunkt

Ein kühler, sonniger Tag Anfang September ist der ideale Zeitpunkt, um ein Präriebeet anzulegen. Lange Hitzeperioden, die die Pflanzen schlapp machen, sind nicht mehr zu erwarten. Und noch ist der Boden vom Sommer warm, so dass die Topfballen gut einwurzeln. So kommen die frisch gepflanzten Stauden gut durch den Winter und starten im Frühjahr auch besser als Stauden, die im März oder April in den winterkalten Boden gepflanzt werden.

Ein schöner Septembertag also, aber halt: nicht gleich in den Garten stürzen und loslegen. Damit die Arbeiten zügig vorangehen, sollten Sie mit den Vorbereitungen bereits einige Tage vorher beginnen. Besorgen Sie zunächst die Pflanzen. Die Präriekerze können Sie bequem im Blumenzwiebel-Versand bestellen. Die Stauden kaufen Sie am besten in einer Staudengärtnerei in Ihrer Nähe. Machen Sie sich am besten eine Einkaufsliste, damit Sie auch wirklich die richtigen Arten und Sorten erhalten. Sollte es keinen Staudengärtner in der Nähe geben: Viele Staudengärtnereien bieten einen Online-Versandservice an.

## Das nötige Material

Sand und Markierungsstangen aus Eisen gibt es im Baumarkt, Schnur ebenfalls.
Präriestauden mögen es am liebsten lehmig-sandig, aber auch sandig-humos. Lockern Sie deshalb einen schweren Lehmboden mit reichlich grobem Sand oder feinem Kies (ca. 20 Liter pro m$^2$) und etwas Kompost (3 Liter pro m$^2$) auf. Sandige Böden verbessern Sie ebenfalls mit Kompost, aber auch mit Bentonit, einem wasser- und nährstoffspeicherndem Tonmehl. Wenn Sie keinen eigenen Kompost haben, dann greifen Sie zu abgepacktem Rindenhumus. Ca. 100 Liter reichen für die angegebene Fläche aus. Bentonit und Rindenhumus gibt es im Gartenfachhandel, groben Sand oder feinen Kies (Körnung 2–8 mm) im Baumarkt. Verwenden Sie bei der Beetanlage auf keinen Fall Dünger. Im Boden sind genügend Nährstoffe für die jungen Pflänzchen vorhanden. Die Stahlkanten zur Beeteinfassung bestellen Sie im Gartenbedarf-Versand. Vielleicht haben Sie auch einen günstigen Schlosser an der Hand, der Ihnen die Stahlkanten individuell zuschneiden kann? Als Trittplatten bieten sich günstige Reststücke aus dem Baumarkt an.

## Die richtige Anlage

### Zu zweit geht's leichter

Zu zweit lassen sich einige Arbeiten leichter und bequemer erledigen. Gehen Sie systematisch vor: Legen Sie den Standort für Ihr Präriebeet fest und markieren Sie die Beetgrenzen. Das geht am besten mit Eisenstangen oder dünneren Holzpfählen und einer Schnur.

Bereiten Sie nun das Beet vor, indem Sie die Kanten abstechen, die Grasnarbe entfernen, den Boden lockern und bei Bedarf verbessern, Unkraut entfernen, Stahlkanten setzen und Trittsteine auslegen. Nach diesen Vorarbeiten können Sie nach dem Pflanzplan die Stauden auslegen und einpflanzen. Angießen nicht vergessen! Dann kommen die Zwiebeln der Präriekerze in den Boden. Lockern Sie dann die Beetoberfläche noch einmal mit dem Krail auf. Wenn alle Arbeiten am Beet erledigt sind, schlagen Sie die Stahlkanten endgültig ein, und zwar so, dass sie bündig mit der Rasenoberkante abschließen. Jetzt können Sie mit dem Rasenmäher bis dicht an das Beet heranfahren und sauber mähen.

**1 Eckpunkte markieren:** Legen Sie das Beet fest und schlagen Sie für ein rechteckiges Beet an den vier Eckpunkten am besten Eisenstangen ein.

**3 Kante stechen:** Stechen Sie nun sorgfältig mit dem Spaten einmal längs der Schnur eine Kante ab. Stechen Sie den Spaten ca. 12–15 cm tief ein und wackeln Sie dann etwas vor und zurück. So entsteht ein tiefer Spalt, in den Sie später das Stahlband einstellen können.

**2 Schnur spannen:** Befestigen Sie das Schnurende mit einer Schlaufe an einem Eisenstab. Ziehen Sie dann die Schnur von einem Stab zum anderen. Damit die Schnur gut hält, sollten Sie jeden Stab einmal umwickeln.

## 5 GARTENTRAUM IN SATTEM PINK

**5 Boden lockern:** Lockern Sie den blanken Boden nun gründlich mit dem Krail auf. Bei sehr schweren, verdichteten Böden sollten Sie zunächst mit der Grabegabel tief lockern und dann mit dem Krail die Erde krümelig arbeiten.

**4 Grasnarbe entfernen:** Stechen Sie viereckige Grassoden ab, die Sie dann mit dem Spaten flach (ca. 3–5 cm dick) abschälen. Die Rasensoden können Sie – mit der grünen Seite nach unten – in einer Gartenecke stapeln und abdecken. Nach einem Jahr ist guter Kompost daraus entstanden.

**6 Unkraut entfernen:** Sammeln Sie beim Bodenlockern immer wieder Wurzeln und Gräser raus. Arbeiten Sie sorgfältig, umso weniger Rasenreste und Unkraut haben Sie nachher im Beet.

**7 Rasenkante einschlagen:** Diese Arbeit geht am besten zu zweit: Einer hält das Stahlband fest, der andere schlägt mit Hammer und Holzklotz das Band in den vorbereiteten Spalt. Lassen Sie die Kante zunächst noch ca. 2 cm überstehen.

Die richtige Anlage

**8 Trittsteine verlegen:** Ziehen Sie mit einer Kelle oder einer Handschaufel die Erde glatt und lassen Sie die Platte darauffallen. Auf keinen Fall bündig verlegen, die Erde sackt noch nach, und damit würde die Platte in der Erde verschwinden.

**9 Boden verbessern:** Verteilen Sie zum Verbessern des Bodens zunächst Sand und Kompost bzw. Rindenhumus in kleinen Haufen auf der Fläche. Arbeiten Sie das Material dann anschließend mit dem Krail oberflächlich in den Boden ein.

**10 Pflanzen einsetzen:** Stellen Sie die Stauden zunächst noch im Topf nach Plan auf. Wenn alles passt, heben Sie die Pflanzlöcher aus. Setzen Sie die Pflanzen bündig mit der Erdoberfläche ein, füllen die Lücken mit Erde aus und drücken seitlich an. Nun noch gründlich angießen.

**11 Präriekerzen einsetzen:** Legen Sie die Zwiebeln zunächst in kleinen Tuffs auf der Beetfläche aus. Graben Sie anschließend mit dem Zwiebelpflanzer im Abstand von 10 cm ca. 15 cm tiefe Löcher. Setzen Sie die Zwiebeln am Lochboden ein und füllen Sie dann den Aushub darüber.

# LAUTER WILDE SCHÖNHEITEN

**1** Indianernessel
*Monarda*-Hybride 'Prärienacht'

**BLÜTEZEIT:** Juni – August, **HÖHE:** 100 cm
Sehr robuste, winterharte Staude, aus deren Blättern sich ein köstlicher Tee bereiten lässt. Verträgt Sonne und Halbschatten gleich gut. Liebt lockere, humose, nicht zu trockene Erde, kommt aber mit jedem Boden zurecht. Trockenheit fördert Mehltau-Befall. Weitere Sorten in Violett, Rot, Rosa und Weiß. **Gute Schnittblume.** Blüten essbar, eignen sich gut zur Dekoration.

**2** Kandelaber-Ehrenpreis
*Veronicastrum virginicum* 'Album'

**BLÜTEZEIT:** Juli – September, **HÖHE:** ca. 100 cm
**Sehr langlebige Staude.** Wächst am liebsten in feuchten Böden, verträgt aber zwischendurch auch Trockenheit. Wirkt bis weit in den Winter hinein vor allem durch die eleganten langen Blütenkerzen attraktiv. Hervorragende Strukturpflanze. Rückschnitt spätestens Anfang Februar. Wildart hat blauviolette Blütenkerzen.

**3** Prachtscharte
*Liatris spicata*

**BLÜTEZEIT:** Juli – August, **HÖHE:** ca. 80 cm
Trockenheitsverträgliche Staude, auch für Steppenpflanzungen geeignet. **Sehr gute Strukturpflanze.** Wirkt durch die straffen Blütenkerzen, die über langen Zeitraum von oben nach unten aufblühen. Sehr gute Schnittblume, in abgeblühtem Zustand für Trockensträuße. Schöner Wintereindruck, darum Rückschnitt erst Anfang Februar.

Sonne   Halbschatten   Schatten   Ein-/Zweijährige   winterhart

Pflanzen-Porträts

**4 Präriekerze**
*Camassia leichtlinii* 'Caerulea'

BLÜTEZEIT: Mai, HÖHE: ca. 60 cm
**Zwiebelblume** mit tiefblauen Blütenkerzen. Aufsehenerregend zur Blütezeit. Blütenstände und Blätter werden nach der Blüte gelb. Zwischen höhere Stauden pflanzen, die das Vergilben des Laubs kaschieren. Breitet sich an zusagendem Standort aus. Die Pflanze sollte in extremen Lagen im Winter abgedeckt werden.

**5 Purpursonnenhut**
*Echinacea purpurea*

BLÜTEZEIT: Juli – September, HÖHE: ca. 80 cm
**Über Wochen blühende** Staude. Fruchtstände auch im Winter noch attraktiv; gesund und robust, gute Schnittblume. Schon bei den Indianern als Heilpflanze bekannt. Auch sehr schön die weiße Sorte 'Alba'.

**6 Staudenphlox**
*Phlox paniculata* 'Düsterlohe'

BLÜTEZEIT: Juni – August, HÖHE: ca. 90 cm
**Klassische Beetstaude**. Zur Blütezeit eine Sensation mit den großen, duftenden Blütenbällen. Fängt bei Trockenheit schnell an zu schlappen, evtl. gießen. Braucht nährstoffreiche Böden. In sandigen Böden Bentonit zufügen und mit Kompost düngen. Wunderschön in der Vase. Weitere empfehlenswerte Sorten in Weiß, Rosa, Rot und Violett.

Duft   essbar   Schnittblume   giftig   pflegeleicht

# VON JAHR ZU JAHR WENIGER PFLEGE

**1 Unkraut jäten:** Hacken Sie regelmäßig auflaufendes Unkraut ab. Halten Sie dabei die Hacke immer flach, um den Boden nicht aufzuwühlen. Im eingewachsenen Beet nicht mehr hacken, da sonst die Pflanzenwurzeln verletzt werden.

**In den ersten Wochen** nach der Pflanzung sollten Sie Ihr Präriebeet immer gut im Auge behalten. Das gilt besonders, wenn Sie im Frühjahr oder Frühsommer gepflanzt haben. Hacken Sie das Beet regelmäßig durch, um aufkommende Unkräuter gleich im Keim zu ersticken (→ Abb. 1). Bei trockenem Wetter können Sie die kleinen Unkrautpflänzchen einfach liegen lassen, sie vertrocknen am Boden. Gießen Sie im Pflanzjahr regelmäßig – je nach Witterung mehr oder weniger. Leichter Regen ist kein Ersatz fürs Gießen! Sind die Topfballen einmal ausgetrocknet, ist es sehr mühsam, sie wieder feucht zu bekommen. Bei einer Frühjahrspflanzung können Sie das Wässern ab September einstellen, bei Herbstpflanzungen mit dem ersten Frost. Lockern Sie nach dem Gießen den Boden gleich wieder mit dem Krail auf, das hält die Feuchtigkeit im Boden. Spätestens jetzt werden Sie merken, wie praktisch und angenehm die Trittplatten im Beet sind! Ein Winterschutz ist bei den robusten Präriestauden nicht nötig. Erst im Frühjahr sind wieder erste Pflegemaßnahmen nötig. Von Jahr zu Jahr wachsen die Stauden enger zusammen, und Sie haben weniger Arbeit – dafür aber immer mehr Freude an Ihrem blühenden Präriebeet!

## FRÜHJAHR

Wenn im Garten die ersten Krokusse aus der Erde spitzen, wird es Zeit, die Fruchtstände der Stauden abzuschneiden (→ Abb. 4). Das Schnittgut können Sie auf den Kompost geben oder aber – noch besser – an Ort und Stelle grob zerkleinern und zwischen den Stauden liegen lassen. Ein Mulch, wie er besser nicht sein könnte! Das Schnittgut verrottet recht schnell und liefert den Pflanzen neue Nahrung. Wenn Sie den Staudenschnitt nicht liegen lassen und nicht mulchen, sollten Sie im April Kompost auf den Boden streuen (3 Liter pro m$^2$ reichen aus). Arbeiten Sie den Kompost nicht ein, wenn die Pflanzen größer geworden sind, sie verletzen sonst die Wurzeln. Kümmern Sie sich frühzeitig um aufkommendes Unkraut. Je gründlicher Sie das machen, umso weniger Unkraut wird auflaufen.

---

**Was tun, wenn ...**

**... die Prärieblumen in der Blüte nachlassen?**
Alle hier beschriebenen Pflanzen sind mehrjährig. Ihre Lebensdauer ist aber nicht unbegrenzt. Wenn nach Jahren die Blühleistung abnimmt, wird es Zeit für eine Verjüngungskur: Die Pflanzen werden ausgegraben, geteilt (→ Seite 120/121) und die Teilstücke neu gepflanzt.

## SOMMER

Im Jahr nach der Pflanzung müssen Sie nach längerer Trockenheit und in Hitzeperioden ab und zu noch wässern (→ Abb. 2). Einmal pro Woche reicht aber vollkommen aus. Es hat sich auch bewährt, den Boden dünn (2–3 cm hoch) mit Rasenschnitt zu mulchen, dann kann er nicht so schnell austrocknen. Das verrottende Gras liefert zudem alle nötigen Nährstoffe. Allerdings bietet die Mulchschicht auch Schnecken Unterschlupf! Stützen Sie größer werdende Stauden (→ Abb. 3). Denn wenn es regnet, werden die zahlreichen mehr oder weniger großen Blütenköpfe durch die Feuchtigkeit noch schwerer, hängen über und drücken die Staude unschön auseinander.

## HERBST

Unansehnliche Stauden können Sie bereits nach dem ersten Frost abschneiden (→ Abb. 4).

**2 Gießen:** Wenn die Blätter der Stauden anfangen zu schlappen, ist es höchste Zeit, zur Gießkanne zu greifen. Am besten gießen Sie 1–2-mal pro Woche durchdringend direkt an die Wurzel.

**3 Stauden stützen:** Vor allem wenn es viel regnet, brauchen Purpursonnenhut, Staudenphlox und Indianernessel eine Stütze. Halten Sie die Staude mit einer Hand zusammen und stecken Sie vorsichtig die Stütze drüber – das geht zu zweit natürlich wieder viel besser.

**4 Zurückschneiden:** Abgewelkte Stauden werden entweder nach dem ersten Frost oder im Frühjahr zurückgeschnitten. Benutzen Sie dazu eine Heckenschere oder drehen Sie die vom Winter mürben Stängel einfach mit der Hand heraus.

# WOGENDE GRÄSER BEHERRSCHEN DIE SZENERIE

**Das braucht man dazu:**

**PFLANZEN**

a) 2 x Chinaschilf
*Miscanthus sinensis* 'Graziella'

b) 5 x Diamantgras
*Calamagrostis brachytricha*

c) 9 x Glattblattaster
*Aster novi-belgii* 'Dauerblau'

d) 5 x Purpurdost
*Eupatorium fistulosum* 'Atropurpureum'

**ZUBEHÖR**

Schubkarre, Spaten, Kompost, Sand, Trittplatten, Kelle, Eisenpflöcke, Schnur, Hammer, Stahlkanten, Holzklotz, Heckenschere

**Bei diesem Anblick** beginnt man zu träumen: von weitem Grasland, prasselndem Lagerfeuer an kühlen Herbstabenden. Silbrig weiße Gräser repräsentieren wie keine andere Pflanzengruppe die Landschaft der Prärie. Chinaschilf, Diamantgras, Glattblattastern und Purpurdost laufen erst dann zu großer Form auf, wenn die Tage wieder kürzer werden. Die mächtigen Gestalten stehen – wie im Plan zu sehen – weit auseinander, damit die Horste sich gut entwickeln können und angemessen zur Geltung kommen. Pflanzen Sie in die Lücken jede Menge Narzissen- und Präriekerzen-Zwiebeln. So steht das Beet auch im Frühjahr in voller Blüte. Schneiden Sie die Gräser erst im Frühjahr zurück. Sie haben eine sehr schöne Winterwirkung, vor allem wenn sie mit Raureif überzogen sind und in der Sonne funkeln.

**KURZINFO**

| | |
|---|---|
| Anlage | März – Juni |
| Standort | vollsonnig |
| Bodentyp | lehmig-sandig |
| Beetgröße | 4 x 3 m |
| Zeitbedarf | 4–5 Std. |
| Pflegebedarf | anfangs 1 Std./Woche |
| Level | ✿ ✿ |

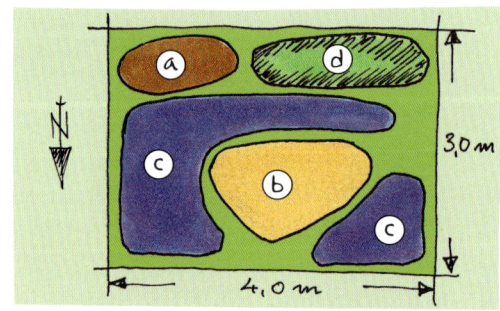

Eine Beet-Variante

**1 Chinaschilf** ☼ ❄
*Miscanthus sinensis* 'Graziella'

BLÜTEZEIT: ab August, HÖHE: 140–170 cm
Winterhartes Ziergras. Wird im Laufe der Jahre recht mächtig, braucht daher viel Raum um sich. **Grandiose Winterwirkung**.

**2 Diamantgras** ☼ ❄
*Calamagrostis brachytricha*

BLÜTEZEIT: ab September, HÖHE: 70–100 cm
Wunderschönes **winterhartes Solitärgras**. Braucht Raum zum Ausschwingen. Der Laubschopf färbt sich im Herbst bronzefarben.

**3 Glattblattaster** ☼ ❄ ✂
*Aster novi-belgii* 'Dauerblau'

BLÜTEZEIT: September – Oktober, HÖHE: bis 140 cm
Klassische Herbstblume, winterhart und mehrjährig. **Alte Sorte**, bewährt sich nach wie vor: standfest, gesund, lange Blütezeit. Mag es feucht und nährstoffreich.

**4 Purpurdost** ☼ ❄
*Eupatorium fistulosum* 'Atropurpureum'

BLÜTEZEIT: Juli – September, HÖHE: 180 cm
Gesunde, **mächtige Solitärstaude** mit weinroten Blüten. Absolut standfest. Die Blütenstände sind bis in den Winter hinein attraktiv.

☼ Sonne  ❄ winterhart  ✂ Schnittblume

*Eva unterm Apfelbaum*

AUCH GROSSE ALTE BÄUME
KÖNNEN UNTERPFLANZT WERDEN. STATT
SPÄRLICHEM GRASWUCHS BRINGEN ÜPPIGES
BLATTGRÜN UND ZARTE BLÜTEN FARBE
IN DEN SCHATTEN.

# Blumenpracht unter Gehölzen

6

# 6 BLUMENPRACHT UNTER GEHÖLZEN

# Der Schatten blüht auf

## Das braucht man dazu:

**PFLANZEN**

a) 100 x Balkananemone
*Anemone blanda* 'Blue Shades'

b) 5 x Dreiblattspiere
*Gillenia trifoliata*

c) 1 x Fächerahorn
*Acer palmatum* 'Atropurpureum'

d) 5 x Funkie
*Hosta*-Hybride 'Francess Williams'

e) 5 x Japansegge
*Carex morrowii* 'Variegata'

f) 5 x Perlfarn
*Onoclea sensibilis*

g) 3 x Waldgeißbart
*Aruncus dioicus*

h) 10 x Waldmeister
*Galium odoratum*

**ZUBEHÖR**
Schubkarre, Spaten, Hacke, Grabegabel, Rechen, Wasserschlauch, Gießkanne, Wassereimer, Humus, Rindenmulch (ca. 5–6 Schubkarren voll)

**KURZINFO**

| | |
|---|---|
| Anlage | Sept. – Nov. |
| Standort | halbschattig bis schattig |
| Bodentyp | humos, lehmig, sandig |
| Beetgröße | 4 x 3 m |
| Zeitbedarf | 4–5 Std. |
| Pflegebedarf | ca. 10 Std./Jahr |
| Level | ❃ |

**Grundstücke mit alten Bäumen** haben ihren ganz besonderen Charme. Unter den Bäumen sieht es allerdings nicht immer „charmant" aus. Die starken Baumwurzeln entziehen dem Boden viel Feuchtigkeit und Nährstoffe. Das Laub lässt die Sonne nicht bis zum Boden durchdringen. Ein recht unwirtliches Plätzchen also. Hier wachsen in der Regel robuste Unkräuter wie Giersch, oder Moos breitet sich zwischen spärlichem Graswuchs aus – keine schöne Gartensituation. Das muss nicht sein! Mit der richtigen Bodenvorbereitung und den geeigneten Pflanzen können Sie auch einen Platz im Schatten von großen Bäumen und Sträuchern ansprechend gestalten. Sie werden sehen: Ein Schattenbeet anzulegen ist nicht schwer und geht recht schnell. Auch die Pflegemaßnahmen halten sich in Grenzen. Wenn Sie etwa ein halbes Jahr nach der Pflanzung den Boden im Schattenbeet mit Rindenmulch abdecken, hält sich zum einen die Feuchtigkeit im Boden, zum anderen verhindern Sie damit die Neuansaat von Unkräutern.

# Die Beet-Idee

## Pflanzen für den Schatten

Im Schatten der Bäume können attraktive Pflanzen wachsen, die von Natur aus auf ein „Schattendasein" eingerichtet sind. Ihre Blätter sind so gestaltet, dass sie das wenige Licht optimal nutzen können. Sie „schlucken" das Falllaub der Bäume anstandslos und vertragen den Tropfenfall bei Regen. Einmal eingewachsen, kommen sie mit der Wurzelkonkurrenz der Bäume gut zurecht und bilden im lockeren Humus nach und nach eine dichte Bodendecke. Hier wachsen Fächerahorn, Farne, Funkien und Waldmeister. Eine ausgesprochen pflegeleichte Pflanzengemeinschaft, die mit den Jahren immer schöner wird. Besonders gut entwickelt sich die Pflanzengesellschaft unter lichten Baumkronen, die ein paar Sonnenstrahlen durchlassen, oder am Gehölzrand mit wechselnden Lichtverhältnissen. Von der Morgen- oder Abendsonne beschienen, scheint das Ahornlaub zu glühen, der Rand der Funkienblätter leuchtet goldgelb.

## Reizvolles Miteinander

Wer meint, im Schatten gäbe es keine Blüten, der täuscht sich. Es blüht nur nicht so auffallend bunt wie in der Sonne. Die Dreiblattspiere z. B. schmückt sich mit Unmengen weißer Sternchen, die Funkie trägt pastellfarbene Blütenkerzen, der Waldgeißbart cremefarbene Blütenrispen. Ihren besonderen Reiz erhält die Schattenpflanzung durch die unterschiedlichen Blattformen und -farben. Da stehen die handförmig geschlitzten, tiefroten Blätter des Fächerahorns neben den attraktiven hellgrünen Wedeln des Perlfarns. Das zarte, hellgrüne Laub vom Waldmeister umspielt locker und luftig die großen, herzförmigen Blätter der Funkie.

Das „Schattenbeet" tritt zu jeder Jahreszeit anders auf. Im zeitigen Frühjahr bezaubern die zahlreichen himmelblauen Anemonenblüten. Im Sommer beherrschen vor allem Funkie, Dreiblattspiere und Waldgeißbart mit ihren hohen, hellen Blütenständen die Szenerie. Im Herbst können wir uns an der prächtigen Laubfärbung von Drei-

**Bäume, die sich nicht unterpflanzen lassen**

Nicht unter allen Bäumen lässt sich ein Schattenbeet anlegen. Das stark gerbsäurehaltige Laub der Walnuss z. B. macht „Untermietern" das Leben schwer. Auch unter dem dichten Blätterdach und den starken Wurzeln von Buche und Kastanie gedeiht nicht mehr viel.

blattspiere, Fächerahorn und Funkie erfreuen. Im Laufe der Jahre entwickelt sich der Fächerahorn zu einem kleinen Bäumchen mit ausladenden Zweigen. Dreiblattspiere, Funkie und Waldgeißbart wachsen zu kräftigen Büschen heran. Perlfarn und Waldmeister breiten sich mit ihren Ausläufern langsam, aber sicher am Boden aus und schließen die Lücken.

## Schaffen Sie Platz

Schaffen Sie unter Bäumen zunächst den nötigen Platz und genügend Licht für die Neupflanzung. Schneiden Sie Äste und Zweige bis zu einer Höhe von ca. 2 m vom Boden direkt am Ansatz ab. Am Gehölzrand können Sie vielleicht auch den einen oder anderen am Anfang viel zu dicht gepflanzten Strauch entfernen.

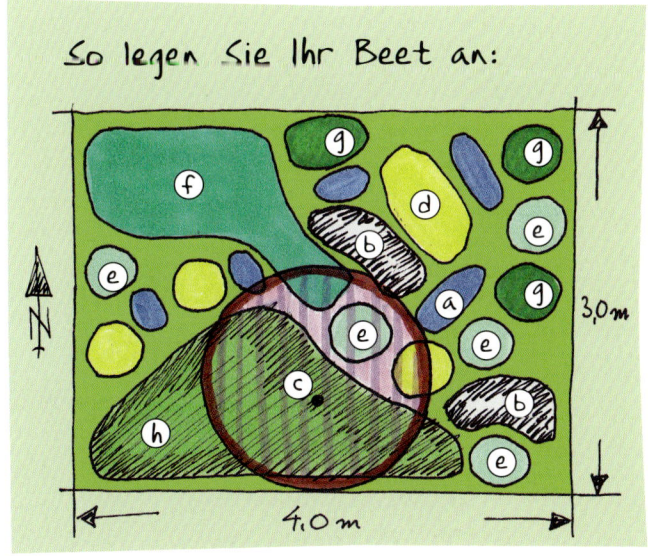

# EIN SCHATTENBEET ANLEGEN

**Eine standortgerecht ausgewählte** Pflanzengemeinschaft im Schatten von Bäumen und Sträuchern gehört zu den pflegeleichtesten Anlagen im Garten – sofern das Beet sorgfältig vorbereitet wurde und Sie die Pflanzen in der Anwachsphase liebevoll betreuen.

Der Herbst bis Spätherbst ist die beste Zeit, ein Schattenbeet anzulegen. Anfang September haben die Bäume ihr Wachstum fast eingestellt. Jetzt verkraften sie die Wurzelverletzungen, die durch die Pflanzarbeiten zwangsläufig entstehen, besonders gut. Zudem entziehen sie dem Boden nur noch wenig Wasser, so dass die jungen Pflanzen in dem feuchten, noch sommerwarmen Boden rasch einwurzeln können.

- Beginnen Sie mit dem Richten der Pflanzfläche, indem Sie zunächst alles vorhandene Unkraut, Moos und Gras mit der Hacke entfernen. Achten Sie vor allem auf Wurzelunkräuter. Giersch oder Quecken sollten Sie mit der Grabegabel ausgraben. Lesen Sie die weißen unterirdischen Wurzelausläufer akribisch heraus. Mit der Grabegabel lässt sich stark durchwurzelter Boden auch vorzüglich sanft lockern. Bitte nicht mit dem Spaten umgraben, dabei würden viel zu viele Baumwurzeln zerstört!
- Oft sind die Böden unter Bäumen ausgezehrt. Eine frische Humusauflage ist daher unbedingt nötig. Ideal ist eine selbst hergestellte Lauberde. Dafür wird das im Herbst anfallende Laub gesammelt und in einer Gartenecke abwechselnd mit Rasenschnitt oder abgeschnittenen Blumen aufgeschichtet. Mit schwarzer Folie abgedeckt, ist nach spätestens einem Jahr eine vorzügliche, leicht saure, humose Erde entstanden – so wie Schattenpflanzen sie lieben. Wer das nicht oder noch nicht hat, nimmt Rindenhumus.
- Für den Fächerahorn müssen Sie ein größeres Pflanzloch ausheben. Es gibt einen Trick, um dem Ahorn das Anwachsen zu erleichtern: Graben Sie das Pflanzloch noch 2–3 Handbreit größer aus als vorgesehen und senken Sie einen Pappkarton ein, von dem Sie vorher Boden und Deckel entfernt haben. In diesen umgrenzten Raum setzen Sie nun den Ahorn und füllen mit einer Mischung aus Aushub und frischem Humus auf. Die Kartonwände verhindern so lange, bis sie verrottet sind, dass die Baumwurzeln dem jungen Ahorn zu nahe kommen. Er kann also in aller Ruhe einwurzeln.
- Pflanzen Sie nun nach Pflanzplan alle anderen vorher gut gewässerten Stauden ein und gießen Sie jede einzelne nochmals gut an.
- Zu guter Letzt kommen die Anemonen in die Erde. Legen Sie immer 10, 20 oder auch mal 30 Stück zusammen in eine ca. 5 cm tiefe Mulde. Da kein Oben und Unten zu erkennen ist, können Sie sie gerade wie sie kommen in die Mulde legen. Mulde mit Erde auffüllen – fertig!

Die richtige Anlage

1 **Unkraut entfernen:** Einjährige Samenunkräuter entfernen Sie am schnellsten mit der Hacke. Lesen Sie die Unkräuter heraus und entsorgen Sie sie dann in der Biotonne.

2 **Erdboden lockern:** Lockern Sie die Pflanzfläche mit der Grabegabel auf. Stechen Sie dazu die Grabegabel so tief wie möglich ein und bewegen Sie sie leicht hin und her. Sie merken gleich, wo der Boden besonders stark durchwurzelt ist.

3 **Humus auffüllen:** Für eine Fläche von 12 m² benötigen Sie ca. 5–6 volle Schubkarren Substrat. Verteilen Sie das Substrat zunächst in mehreren Haufen auf der Fläche.

4 **Humus einebnen:** Verteilen Sie die Humushaufen mit dem Rechen gleichmäßig auf der gesamten Pflanzfläche. Bis auf den Fächerahorn haben alle anderen Pflanzen kleine Ballen, die sich jetzt leicht einsetzen lassen.

5 **Pflanzen einsetzen:** Stellen Sie die gewässerten Pflanztöpfe nach Plan auf der Pflanzfläche auf. Wenn alles passt, dann setzen Sie zuerst den Fächerahorn ein – er benötigt das größte Pflanzloch. Dann folgen alle anderen Pflanzen.

# BLUMENPRACHT UNTER GEHÖLZEN

## PFLANZEN FÜR DEN SCHATTEN

*1* Balkananemone
*Anemone blanda* 'Blue Shades'

BLÜTEZEIT: März – April, HÖHE: 15 cm
Winterharte Knollenpflanze. **Zieht nach der Blüte ein.** Knollen vor dem Pflanzen über Nacht in Wasser legen.

**2** Dreiblattspiere
*Gillenia trifoliata*

BLÜTEZEIT: Juni – Juli, HÖHE: 80–100 cm
**Langlebige Gartenblume** mit besonders straffem Wuchs. Liebt humose, feuchte Böden, verträgt aber auch Trockenheit.

*3* Fächerahorn
*Acer palmatum* 'Atropurpureum'

BLÜTEZEIT: Blattschmuck, HÖHE: 3–4 m
Kleiner Baum mit schirmförmiger Krone. **Langsamwüchsig.** Zierend durch sein Laub.

**4** Funkie
*Hosta*-Hybride 'Frances Williams'

BLÜTEZEIT: Juli – August, HÖHE: 40–50 cm
Mehrjährige Blattschmuckpflanze. Die gelb-grüne Blattfärbung bringt Farbe in den Schatten. **Sehr anspruchslos.**

☼ Sonne    ◐ Halbschatten    ● Schatten    Ein-/Zweijährige    ❄ winterhart

Pflanzen-Porträts

**5** Japansegge
*Carex morrowii* 'Variegata'

BLÜTEZEIT: März – April, HÖHE: 30–40 cm
Mehrjähriges wintergrünes Gras, rundlicher Wuchs. Kommt **einzeln gepflanzt** am besten zur Geltung. Kein Rückschnitt.

**6** Perlfarn
*Onoclea sensibilis*

BLÜTEZEIT: blüht nicht, HÖHE: ca. 40 cm
Mehrjähriger Farn mit stark gefiederten, frischgrünen Wedeln. **Färbt sich** im Herbst gelbbraun. Liebt feuchte, auch nasse Böden. Breitet sich langsam mit Ausläufern aus.

**7** Waldgeißbart
*Aruncus dioicus*

BLÜTEZEIT: Juni – Juli, HÖHE: ca. 150 cm
Langlebige Solitärpflanze. Buschiger, aufrechter Wuchs. **Heimische Waldstaude** mit imposanten weißen Blütenrispen. Liebt feuchte Lehmböden mit humoser Oberfläche.

**8** Waldmeister
*Galium odoratum*

BLÜTEZEIT: April – Mai, HÖHE: 15 cm
Heimische Waldpflanze. Breitet sich durch Ausläufer schnell aus. **Guter Bodendecker.** Das frischgrüne, zierliche Laub ist genauso attraktiv wie die weißen Blütchen. Vor der Blüte gesammeltes Laub wird gerne für Mai-Bowle verwendet.

Duft    essbar    Schnittblume    giftig    pflegeleicht

# SO HALTEN SIE SCHATTENPFLANZEN FIT

**1 Wässern:** Besonders in den ersten Wochen nach der Pflanzung müssen die Topfballen durchdringend gewässert werden. Halten Sie den Wasserstrahl direkt an den Wurzelbereich.

**Schattenpflanzen sind anspruchslos.** Sie leben von den Nährstoffen, die das zersetzte Falllaub liefert, und müssen nicht gedüngt werden. Wassergaben sind bei eingewachsener Pflanzung nur in sandigen Böden bei langer Trockenheit nötig. Stützmaßnahmen und Winterschutz erübrigen sich. Das gilt, wenn die Pflanzung eingewachsen ist, vorher gibt es aber doch noch einiges zu tun.

- Bleiben Sie in den Wochen nach der Pflanzung dem Unkraut auf der Spur (→ Abb. 2). Der Boden sollte nach Möglichkeit unkrautfrei in den Winter gehen, das spart viel Arbeit im kommenden Frühjahr.
- Wässern Sie bis zum ersten Frost einmal pro Woche durchdringend (→ Abb. 1) – auch wenn es regnet! Das Blätterdach der Bäume hält viel Regenwasser ab. Ausreichend Feuchtigkeit ist aber ganz wichtig, weil die jungen Pflanzen ja noch vor dem Winter einwurzeln sollen. Das sichert einen guten Start ins Frühjahr.

Machen Sie nicht den Fehler, bereits wenige Wochen nach dem Pflanzen Rindenmulch aufzutragen. Dabei entstehen – unbemerkt – leicht Trockenschäden, da das Regen- oder Gießwasser gar nicht durch die dicke Rindenschicht an die Wurzelballen vordringen kann. Warten Sie daher mit dem Mulchen, bis die Pflanzen gut eingewurzelt sind. Bei Herbstpflanzung dauert das ungefähr bis Juni, Juli des Folgejahres.

## FRÜHJAHR

Schützen Sie die zarten, sich aufrollenden Blattaustriebe der **Funkie** vor gefräßigen Schnecken! Streuen Sie daher schon um die ersten Blattknospen Schneckenkorn aus (→ Abb. 3).
Schneiden Sie jetzt noch nicht entfernte welke Pflanzenreste von **Funkie** und **Perlfarn** ab.
Im März bereits regt sich neues Leben: Die **Balkananemonen** beginnen zu blühen. Bereits kurz nach der Blüte werden die Blätter gelb, bald ist von der Pflanze gar nichts mehr zu sehen. Schneiden Sie die Blätter nicht ab, sie werden vom Austrieb der Nachbarpflanzen kaschiert.

## SOMMER

Gießen Sie nur bei lang anhaltender Trockenheit und auch nur in durchlässigen, sandigen Böden. Achten Sie – vor allem bei feuchter Witterung – weiterhin auf Schnecken an den **Funkien**. Sehen Sie auch unter den Blättern nach.

## HERBST

Schneiden Sie unansehnlich gewordene Blütenstände und Blätter bodengleich zurück. Lassen Sie den **Perlfarn** jedoch stehen, seine Wedel sind auch im Winter noch attraktiv.
Ende November können Sie alle Pflanzen bis auf **Fächerahorn** und **Japansegge** bodengleich zurückschneiden. Schneiden Sie den Rückschnitt

Pflege-Tipps

**2 Unkraut jäten:** Tiefwurzler (Löwenzahn oder Distel) werden mit dem Distelstecher tief ausgestochen. Nur so bekommt man die lange Wurzel heraus, die sonst immer wieder frisch austreibt.

an Ort und Stelle klein. Das Häckselgut verrottet schnell und liefert den Pflanzen dann wertvolle Nährstoffe. Am **Fächerahorn** sollten Sie lediglich totes oder verletztes Holz entfernen.
Lassen Sie das Falllaub der Bäume auf den jungen Pflanzen liegen. Es deckt sie schön warm zu, der Frost kann nicht so tief in die Erde dringen. Schattenpflanzen sind wahre Laubschlucker und bohren sich im Frühjahr mühelos durch die alten Blätter. Nach ein paar Wochen ist vom abgefallenen Herbstlaub unter dem frischen Austrieb kaum noch etwas zu sehen.

## WINTER

Erneuern Sie alle paar Jahre die Mulchschicht (→ Abb. 4). Rindenmulch ist organisches Material und zersetzt sich im Lauf der Zeit zu Humus. Die unkrauthemmende und feuchtigkeitsspeichernde Wirkung geht dabei verloren. Am besten mulchen Sie, wenn die Erde gefroren ist, dann wird der Boden nicht verdichtet. Packen Sie den Mulch nicht zu dick auf die Pflanzen, sonst geht ihnen die Luft aus. Eine Schicht von 5–7 cm reicht gut aus. Wenn sich die Pflanzfläche geschlossen hat, erübrigt sich das Mulchen.

> **Was tun, wenn ...**
>
> **... sich einzelne Pflanzen stark ausbreiten?**
> Waldmeister und Perlfarn breiten sich mit ihren Ausläufern flott im Beet aus. Fangen Sie nicht an, diesen Ausbreitungsdrang einzudämmen, sondern lassen Sie die Pflanzen gewähren. Nur so entsteht eine grüne Bodendecke, die Unkraut abhält und das Beet pflegeleicht macht.

**3 Schneckenkorn streuen:** Funkien wirken besonders anziehend auf Schnecken. Streuen Sie das Schneckenkorn rund um die Pflanze aus.

**4 Mulchen:** Verteilen Sie den Rindenmulch möglichst gleichmäßig dick auf dem Boden, dann ist die unkrauthemmende Wirkung am besten.

# ROSA BLÜTENRAUSCH AM GEHÖLZRAND

### Das braucht man dazu:

**PFLANZEN**

a) 1 x Rhododendron
*Rhododendron* 'Catawbiense Boursault'

b) 6 x Schlangenknöterich
*Bistorta amplexicaule* 'Superbum'

c) 9 x Storchschnabel
*Geranium*-Hybride 'Jolly Bee'

d) 1 x Weigelie
*Weigela florida*

**ZUBEHÖR**

Grabegabel, Krail, Schaufel, Handschaufel, Wasserschlauch, Rhododendron-Erde

**Auch so kann ein Beet unter** Bäumen aussehen: im Frühsommer rosa Zeiten, danach Dauergrün. Hier ist der sonnige Gehölzrand mit Sträuchern und Bodendeckern bepflanzt. Rhododendron ist ein immergrüner Busch, der sich jedes Jahr im Mai mit großen weißen, rosafarbenen, roten oder violetten Blüten schmückt. Im Lauf der Jahre wird er groß und breit und deckt mit seinen tief liegenden Zweigen den Boden gut ab. Rhododendron benötigt einen sauren Boden, verwenden Sie daher auf jeden Fall Rhododendron-Erde. Groß wird auch die Weigelie, ein Strauch, der im Juni über und über mit rosa Blüten besetzt ist. Zu ihren Füßen macht sich der Schlangenknöterich breit und verdrängt jedes Unkraut. Der Storchschnabel steht ihm darin nicht nach. Die pflegeleichte Pflanzung wird von Jahr zu Jahr schöner.

**KURZINFO**

| | |
|---|---|
| Anlage | März – Mai, Sept. – Nov. |
| Standort | halbschattig |
| Bodentyp | humos, feucht, leicht sauer |
| Beetgröße | 4 x 2 m |
| Zeitbedarf | 4–5 Std. |
| Pflegebedarf | wenige Std. im Jahr |
| Level | ✽ |

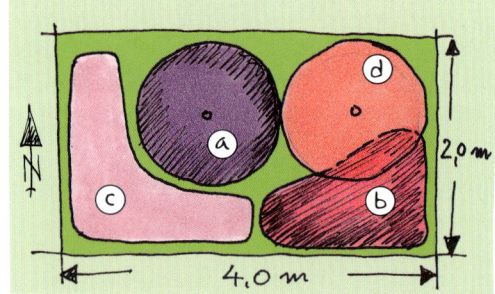

Eine Beet-Variante

1 Rhododendron
*Rhododendron* 'Catawbiense Boursault'

BLÜTEZEIT: Mai, HÖHE: 2–3 m
Immergrünes Laubgehölz, **frosthart und langlebig**. Wächst gut auf sauren, gut belüfteten Torf-Sand-Böden. Verträgt Hitze schlecht, sollte daher bei anhaltender Trockenheit durchdringend gewässert werden.

2 Schlangenknöterich
*Bistorta amplexicaule* 'Superbum'

BLÜTEZEIT: Juni – Juli, HÖHE: ca. 80 cm
Winterharte, langlebige Gartenblume, bildet mit der Zeit **üppige Horste**. Wächst gern auf ausreichend feuchten Böden, gut auch zur Uferbepflanzung.

3 Storchschnabel
*Geranium*-Hybride 'Jolly Bee'

BLÜTEZEIT: Juni – Oktober, HÖHE: ca. 40 cm
Sehr wüchsige, mehrjährige Gartenblume, winterhart. Robust, **sehr anspruchslos**. Extrem lange Blütezeit. Lässt sich leicht durch Teilung vermehren.

4 Weigelie
*Weigela florida*

BLÜTEZEIT: Juni – Juli, HÖHE: 2–3 m
Mittelhoher Strauch, Triebe hängen leicht über. **Schön im Einzelstand**, aber auch gemischt mit anderen Blütensträuchern. Robust und anspruchslos. Ältere Triebe regelmäßig direkt am Boden abschneiden, das erhält die Blühfähigkeit.

☼ Sonne    ◐ Halbschatten    ● Schatten    ❄ winterhart    ⌂ pflegeleicht

# HÄUFIGE UNKRÄUTER IM GARTEN

**Unkräuter sind** unerwünschte Wildkräuter, die sich im Garten breitmachen. Wegen ihrer großen Ausbreitungsfreude und Vitalität verdrängen sie die gepflanzten Blumen. Sie sollten daher bekämpft werden. Es gibt Unkräuter, die sich ausschließlich durch Aussaat verbreiten (z. B. Einjähriges Rispengras). Wenn Sie diese Samenunkräuter regelmäßig jäten und nicht in Blüte gehen lassen, lassen sie sich gut in Grenzen halten. Mit einer Bodendecke aus Pflanzen oder Mulch kommen Samenunkräuter erst gar nicht auf. Wurzelunkräuter breiten sich außer durch Aussaat auch durch unterirdische Ausläufer aus (Quecke, Giersch) oder bilden Wurzelstöcke (Löwenzahn, Distel). Hier sollten Sie auf der Hut sein! „Aushungern" heißt die Devise: Also sofort die grünen Pflanzenteile entfernen, wenn sie erscheinen. Stark verunkrautete Beete sollten Sie ganz abräumen und erst wieder neu pflanzen, wenn sie frei von Wurzelunkräutern sind.

**1 Löwenzahn (*Taraxacum officinale*):** Löwenzahn ist allgegenwärtig. Die mehrjährige Pflanze besiedelt Wiesen, Wegränder, Mauerfugen und samt sich in Rasen und Beeten aus. Löwenzahn sollten Sie möglichst vor der Blütezeit mitsamt der langen Pfahlwurzel ausstechen. Nur abgehackte Pflanzen treiben am oberen Wurzelende schnell wieder aus. Aus den jungen Löwenzahnblättern können Sie einen wohlschmeckenden, vitaminreichen Salat bereiten.

**2 Einjähriges Rispengras (*Poa annua*):** Weltweit vorkommendes, jedoch leicht zu bekämpfendes Gras. Es macht keine Ausläufer und hat auch keine tief gehenden Wurzeln. Sie können es mit der Hacke aushacken, in lockeren Böden sogar einfach herausziehen. Das Rispengras braucht offenen Boden, um sich auszusäen. Eine dichte Bodendecke aus Stauden oder Sträuchern verhindert die Ansiedelung genauso wie eine Mulchschicht aus Rinde oder anderem Material.

Häufige Unkräuter im Garten

**3 Giersch (*Aegopodium podagraria*):** Mehrjährige, absolut anspruchslose und sehr vitale Pflanze, die sich durch lange Wurzelausläufer sehr rasch ausbreitet. Hindern Sie den Giersch so früh wie möglich an der Ausbreitung, sonst werden Sie ihm nicht Herr. In sandigen Böden lassen sich die langen weißen Wurzeln recht gut mit der Grabegabel entfernen. In schweren Böden sollten Sie die Pflanze „aushungern": Entziehen Sie dem Giersch durch die Auflage einer schwarzen Folie das lebensnotwendige Licht.

**4 Gemeine Quecke (*Agropyron repens*):** Weit verbreitetes Unkraut, das vor allem stickstoffreiche Böden besiedelt. Quecken vermehren sich durch Aussaat, weitaus mehr jedoch durch lange weiße Wurzelausläufer. Beginnen Sie mit der Bekämpfung so früh wie möglich. In lockeren Böden können Sie die Wurzeln ausgraben. Denken Sie daran, dass selbst aus kleinsten Wurzelstücken neue Pflanzen entstehen. Auch das konsequente Abhacken der jungen Triebe ist erfolgreich.

**5 Distel (*Sonchus oleraceus*):** Mehrjährige Pflanze, die mit einer langen Pfahlwurzel tief im Boden verankert ist. Disteln vermehren sich durch Aussaat. Sie sollten sie daher rechtzeitig vor der Blüte entfernen. Da sich die Pflanze auch aus Wurzelresten regenerieren kann, sollten Sie sie sehr sorgfältig ausstechen. Das geht am besten mit einem speziellen Distelstecher. So lästig die Distel im Garten ist, so wertvoll ist sie als Futterpflanze für eine Vielzahl verschiedener Insekten.

*Eine Tüte voller Wunder!*

AUS DER SAMENTÜTE DIREKT INS BEET. MIT DEN NEUEN BLUMENMISCHUNGEN ZAUBERN AUCH ANFÄNGER ÜPPIGE BLÜTENPRACHT UND WOHLGERUCH AUF LEERE BEETE.

# Blütenträume aus der Tüte

# 7 BLÜTENTRÄUME AUS DER TÜTE

# Bunte Blumen
# erfreuen die Sinne

## Das braucht man dazu:

**PFLANZEN**
6 Tüten Samenmischung z. B. mit:
- a) Fenchel
  *Foeniculum vulgare*

- b) Flockenblume
  *Centaurea cyanus*

- c) Gummibärchenpflanze
  *Cephalophora aromatica*

- d) Kapuzinerkresse
  *Tropaeolum minus*

- e) Malve
  *Malva sylvestris*

- f) Mohnblume
  *Papaver rhoeas*

- g) Ringelblume
  *Calendula officinalis*

**ZUBEHÖR**
Schubkarre, Rechen, Schaufel,
5–6 Säcke Blumenerde à 70 Liter,
Gießkanne mit feiner Brause,
1 Rolle Packpapier, großes Sieb,
Sand

## KURZINFO

| | |
|---|---|
| Anlage | Mitte Mai |
| Standort | sonnig |
| Bodentyp | humos, feinkrümelig |
| Beetgröße | 2,5 x 5 m |
| Zeitbedarf | 3–4 Std. |
| Pflegebedarf | wenige Std. im Sommer |
| Level | ❋ |

**Einjährige Sommerblumen** bringen Farbe und Blütenfülle in jeden Garten – entweder als eigenes Blumenbeet oder als Lückenfüller zwischen neu angelegten Staudenbeeten. Sie sorgen für Duft und locken Insekten an. Ob „Sommernachtstraum", „Duftender Steingarten", „Nützlingswiese" oder „Wohlfühlmischung" – aus sorgfältig komponierten Saatgutmischungen entstehen im Handumdrehen die schönsten Blütenbilder, farblich aufeinander abgestimmt und über Monate blühend. Und das auf die einfachste Art und Weise: aussäen, gießen – fertig.
Diese Samenmischungen bieten viel Blütenpracht und Spaß für wenig Geld. Und wer gerne Blumensträuße schneidet, verschiedene Düfte genießt oder in Farben schwelgt, für den sind die Samenmischungen die ideale Lösung.

## Blumen aus der Tüte

Ein Beet mit bunten Blumen anzusäen ist leicht und gelingt auch Anfängern mühelos. Kinder beobachten staunend, wie die Samen sprießen, und präsentieren stolz ihr „selbstgemachtes" Blumenbeet. Auch erfahrene Gärtner säen einjährige Sommerblumen als Mischungen überall im

# Die Beet-Idee

**Qualität macht sich bezahlt**

Achten Sie auch beim Saatgut auf Qualität. Renommierte Saatgutfirmen bieten hochwertige Blumenmischungen an, die in mühevoller Testarbeit zusammengestellt und ausprobiert wurden. Das hat natürlich seinen Preis. Der Lohn: wundervoll blühende Blumen in Hülle und Fülle.

Garten aus, denn diese Ansaaten erfreuen nicht nur das Auge, sondern bieten neben dem Blütenschmuck weitere handfeste Vorteile:

- Mit ihren Wurzeln lockern z. B. Fenchel, Ringelblume oder Flockenblume die Erde auf.
- Ähnlich wie eine Gründüngung beschatten die Sommerblumen den Boden und unterdrücken aufkommendes Unkraut. Die Erde wird feinkrümelig und humos.
- Bunte Blumenmischungen bieten allen möglichen Insekten einen reich gedeckten Tisch und betreiben so ganz nebenbei vorbildlichen biologischen Pflanzenschutz. Denn nach dem Besuch der Blüten kümmern sich viele der Insekten gerne auch noch um Blattläuse, Raupen und andere Gartenschädlinge.

## Duft und Blütenfülle

Es gibt Mischungen aus duftenden, essbaren Blumen, die sich für Duftsträuße, als Badezusatz oder zum Dekorieren von Speisen eignen – sogenannte „Wohlfühlblumen". Im Vorbeigehen können Sie z. B. vom Fenchel naschen, ein paar Blüten von der Kapuzinerkresse zum Dekorieren abschneiden oder Ringelblumen-Blüten für einen erfrischenden Tee ernten. Das hebt die Stimmung! Über 30 verschiedene Arten sind in manchen Mischungen vereint. Alle bestens geeignet, die Sinne zu beleben und gute Laune zu verbreiten. Und das Auge erfreut sich an der Fülle bunter Blüten. Schnell und einfach wachsen auch Flockenblume, Mohnblume und Malve. Und all diese Blumen verwandeln auf ganz einfache Art jedes sonnige Fleckchen Erde im Garten in ein wogendes Blütenmeer.

Das Sommerblumenbeet aus der Tüte macht kaum Arbeit – mal abgesehen von der Beetvorbereitung. Wenn die Saat gekeimt ist und die jungen Pflänzchen einmal wachsen, kann man sie getrost sich selbst überlassen. Bis zum Abräumen im Herbst sind nur wenige pflegende Handgriffe nötig. Säen Sie nur in Beete, die frei von Wurzelunkräutern (→ Seite 94/95) sind. Gegen Giersch, Quecke, Schachtelhalm und Winden können sich die zarten Blumen nicht durchsetzen.

## Samenunkräuter vermeiden

Gegen Unkräuter, die aus Samen heranwachsen, hilft ein einfacher Trick: Packpapier als Zwischenlage (→ Seite 101) unterdrückt im Boden vorhandene Unkrautsamen, die die Ansaat verdrängen würden. Statt dessen wachsen die zarten Keimlinge unbehelligt von der Konkurrenz heran. Bald sind die Pflanzen kräftig genug, um mit ihren Wurzeln das Papier zu durchstoßen und den Boden mit ihren Blättern so zu bedecken, dass für Unkraut kaum mehr Platz ist. Das Papier wird schnell mürbe und ist bis zum Herbst verrottet.

**Schnell sind** im Sommerblumenbeet ein paar frische Blätter und auch Blüten für einen wohltuenden Kräutertee oder zur Dekoration geerntet.

# VON DER SAMENTÜTE INS BLUMENBEET

**Es gibt viele Ecken im Garten,** die Sie mit einer Blumenmischung verschönern können:

- Gönnen Sie dem Gemüsebeet doch einmal eine Auszeit. Nach Jahren intensiven Anbaus ist der Boden ausgelaugt und muss sich dringend regenerieren. Eine Blumenansaat ist da die richtige Frischekur.
- Auf neu angelegten Beeten bereiten die Sommerblumen den Boden vor und überbrücken die Zeit bis zur endgültigen Anlage mit dauerhaften Pflanzen. Sind die mehrjährigen Blumen und Sträucher dann gepflanzt, eignen sich die einjährigen Blumen sehr gut als Lückenfüller, bis sich die Pflanzung geschlossen hat.
- Sie können natürlich auch ein Beet allein für die Blumenansaat reservieren und jedes Jahr eine andere Mischung ausprobieren.

Wählen Sie auf jeden Fall einen sonnigen Standort, damit die Blumen üppig und lange blühen. Das heißt aber nicht, dass die Sonne von morgens bis abends auf das Beet scheinen muss. Etwas Gebäude- oder Baumschatten zwischendurch mindert die Blühfreude nicht.

## Sommerblumen aussäen

Noch immer gilt das alte Gärtnersprichwort: „Säe mich im April, komm ich wann ich will. Säe mich im Mai, komm ich glei." Warten Sie mit der Anlage Ihres Sommerblumenbeetes bis Anfang Mai, besser noch bis nach den Eisheiligen. Im April ist der Boden oft noch kalt, und die Samen keimen dann schlecht. Auch besteht jetzt noch die Gefahr, dass die zarten Keimlinge bei starken Spätfrösten erfrieren. Zu lange sollten Sie aber auch nicht mit der Aussaat warten: Erst im Juni ausgesät, blühen die Blumen bei ungünstigem Wetter nur noch kurze Zeit.

Bis Sie aussäen können, sollten Sie schon einmal alles dafür Nötige besorgen und vorbereiten:

**1 Pflanzfläche glätten:** Bewegen Sie vom Beetrand aus den Rechen gleichmäßig auf der Beetoberfläche hin und her. Kleine Mulden und Hügel werden so zu einer ebenen Fläche „planiert". Ziehen Sie grobe Erdklumpen und Steine zum Beetrand und entfernen Sie sie.

- Verwenden Sie hochwertige abgepackte Blumenerde. Sie ist steril, d. h. frei von Krankheitserregern und Unkrautsamen. Gute Blumenerde gibt es im Gartencenter oder beim Gärtner. Sie brauchen für die Fläche 5–6 Säcke à 70 Liter.
- Die Samenmischung können Sie im Gartenfachhandel kaufen oder im Versandhandel bestellen. Ein Päckchen reicht für ca. 2 m$^2$. Für das Beet in der von uns angegebenen Größe brauchen Sie 6 Samentütchen.
- Eine Rolle Packpapier bekommen Sie im Schreibwarenhandel.

Sehr wichtig ist die Bodenvorbereitung. Je sorgfältiger Sie hier vorgehen, umso weniger Arbeit macht das Blumenbeet später. Warten Sie so lange, bis die Erde richtig abgetrocknet ist, damit sie beim Bearbeiten nicht verdichtet wird. Achten Sie bei neu angelegten Beeten unbedingt darauf, dass der Boden in tieferen Schichten nicht verdichtet ist. Das ist häufig der Fall, wenn schwere Maschinen beim Hausbau eingesetzt wurden. Verdichtete Schichten müssen Sie grundsätzlich gut mit Grabegabel oder Krail auflockern, damit das Niederschlagswasser abfließen kann und keine gefährliche Staunässe entsteht.

Um die Unterlage aus Packpapier glatt auslegen zu können, muss der Boden feinkrümelig sein und eben planiert werden. Bei kultivierten Gartenböden, auch bei sandigen oder humosen Böden ist das kein Problem. Grobscholliger Lehm dagegen muss gründlich mit Krail und Rechen bearbeitet werden, damit die groben Klumpen zerfallen. Wenn Sie gleichzeitig einen Eimer Sand und ca. 1/3 Eimer Kompost pro m² oberflächlich einarbeiten, entsteht eine feine, gut durchlüftete Krümelstruktur – bestens geeignet für die zarten Würzelchen der aufgehenden Sommerblumen.

## Aussaat mit Trick

Liegt die Erde dann eben und plan da, können Sie den Trick mit dem Packpapier anwenden, also Packpapier auflegen, Blumenerde auffüllen und dann darauf aussäen.

Säen Sie die Blumenmischung breitwürfig aus, d. h., verteilen Sie die Samen gleichmäßig auf der Fläche. Die oben angegebene Menge ist vollkommen ausreichend. Bei zu dichter Saat haben die einzelnen Pflanzen zu wenig Platz zum Entfalten und schießen in die Höhe. Die dünnen langen Stiele kippen leicht um, und es entwickeln sich auch weniger Blüten.

Decken Sie die Samenkörner anschließend mit einer dünnen Sandschicht ab. So eingebettet, keimen sie am besten. Die Schicht sollte nur wenige Millimeter dick sein, also in etwa so dick wie die Samenkörner.

Jetzt brauchen die Samen noch „Erdschluss", d. h. den direkten Kontakt mit der Erde. Erst dann können sie auskeimen. Nach meiner Erfahrung ist es nicht nötig, die Saat anzudrücken, wenn Sie sie gleichmäßig mit Sand abdecken und durchdringend mit der Brause angießen. Das Gießwasser lässt den Boden sacken, schlämmt Erd- und Sandteilchen an die Samenkörner. Trotzdem wird der Boden nicht verdichtet, so dass die zarten Keimwurzeln rasch und unbeschadet ins Erdreich vordringen können.

## Gleichmässig feucht halten

Sobald die Saat angegossen ist, muss sie unbedingt gleichmäßig feucht gehalten werden. Auf keinen Fall dürfen quellende Samen trocken werden! Gießen Sie Ihr Blumenbeet also in den Tagen nach der Ansaat regelmäßig – je nach Wetterlage mindestens einmal, eventuell sogar mehrmals am Tag. Wenn Sie Glück haben, nimmt Ihnen Mutter Natur auch die Arbeit ab: Ein kräftiger Regenguss – besser noch ein richtiger warmer Landregen – lässt die Saat im Nu keimen.

**2. Papier auslegen:** Schneiden Sie sich die Bahnen von der Rolle in gewünschter Länge zu und legen Sie sie nebeneinander auf das Beet. Die Ränder sollten etwas überlappen. Beschweren Sie eine Seite mit Steinen, damit das Papier beim Auslegen nicht verrutscht oder hochgeweht wird.

# 7 BLÜTENTRÄUME AUS DER TÜTE

**3 Erde verteilen:** Leeren Sie die Säcke mit der Blumenerde zunächst in die Schubkarre – sie lässt sich so dann viel besser verteilen. Streuen Sie eine ca. 3 cm dicke Erdschicht auf das Papier. Verteilen Sie die Erde mit dem Rechen möglichst gleichmäßig über die ganze Fläche.

**4 Aussäen:** Füllen Sie den Inhalt der Samentütchen in eine Schale. Streuen Sie die Samen dann portionsweise auf der Fläche aus. Halten Sie dabei die Hand nahe am Boden und säen Sie breitwürfig aus. Achten Sie darauf, dass Sie die Samenkörner gleichmäßig auf der ganzen Fläche, auch am Rand, verteilen.

**5 Samen abdecken:** Decken Sie die Samen nun 2–3 mm dick mit Sand ab. Wenn Sie dafür ein Sieb benutzen, bleiben Steinchen und Sandklumpen im Sieb hängen. Der gesiebte Sand umschließt die Samenkörner vollständig.

**6 Angießen:** Zum Schluss gießen Sie die Aussaat langsam und sorgfältig an. Es sollten möglichst wenig Samen zusammengeschwemmt werden oder Pfützen entstehen. Am besten, Sie verwenden eine feine Brause auf der Gießkanne. Gehen sie mehrmals über die ganze Beetfläche, damit die Erde gleichmäßig feucht wird.

Die Blüten von Kapuzinerkresse und Ringelblume eignen sich hervorragend zum Garnieren von Salaten oder Gemüsedrinks.

# 7 BLÜTENTRÄUME AUS DER TÜTE

## EIN KUNTERBUNTER WOHLFÜHLSTRAUSS

**1 Fenchel**
*Foeniculum vulgare*

BLÜTEZEIT: Juli – August, HÖHE: ca. 100 cm
Kurzlebige **winterharte Heilpflanze** mit dekorativem Laub und gelben Blütendolden. Sowohl das filigrane Laub als auch die Samenkörner können zu aromatischem Tee zubereitet werden. Samt sich leicht selbst aus und vagabundiert durch den Garten.

**2 Flockenblume**
*Centaurea cyanus*

BLÜTEZEIT: Juni – Oktober, HÖHE: ca. 50 cm
Einjährige Wildblume, sät sich auf Brachflächen selber aus. Die Blütenköpfe lassen sich vielseitig verwenden: zum Schnitt (auch als Trockenblume!), für Heilzwecke, als tiefblauer Schmuck in Kräutertees. **Gute Bienenweide.**

**3 Gummibärchenpflanze**
*Cephalophora aromatica*

BLÜTEZEIT: Juni – Oktober, HÖHE: 30–40 cm
Neuheit aus den Trockengebieten Chiles, dort als Heilpflanze zur Fiebersenkung bekannt. Bei uns einjährig, ähnlich unserem Rainfarn. **Dauerblüher.** Die gelben Blütenköpfchen duften beim Zerreiben tatsächlich intensiv nach Gummibärchen. Wächst besonders gut auf durchlässigen Böden in voller Sonne. Vorsicht mit Dünger: Auf nährstoffreichen Böden lässt die Blüte nach.

 Sonne   Halbschatten   Schatten  Ein-/Zweijährige   winterhart

Pflanzen-Porträts

### 4 Kapuzinerkresse
*Tropaeolum minus*

BLÜTEZEIT: Juni – Oktober, HÖHE: 30–40 cm
**Klassische Bauerngartenpflanze**, robust und anspruchslos. Blüht den ganzen Sommer durch. Alle Pflanzenteile sind essbar. Gut auch auf Baumscheiben und in Balkonkästen. Neben der niedrigen, kompakt wachsenden Form gibt es auch rankende Sorten.

### 5 Malve
*Malva sylvestris*

BLÜTEZEIT: Juli – Oktober, HÖHE: ca. 100 cm
**Mehrjährige heimische Wildblume**. Sät sich an Wegrändern und Brachflächen selbst aus. Die violettrosa Blüten verleihen Früchtetees eine schöne rote Farbe.

### 6 Mohnblume
*Papaver rhoeas*

BLÜTEZEIT: Mai – Oktober, HÖHE: ca. 30 cm
Einjährige **bekannte Wildblume**. Sät sich auf Brachflächen und Wegrändern selbst aus. Einzelblüte hält nur ein bis zwei Tage, es schieben aber immer neue Blüten nach. Auch unter dem Namen „Klatschmohn" bekannt. Findet als Heilpflanze Verwendung.

### 7 Ringelblume
*Calendula officinalis*

BLÜTEZEIT: Juli – Oktober, HÖHE: ca. 50 cm
Beliebte Bauerngartenblume, als Heilpflanze und Schnittblume genutzt. Einjährig. **Sät sich willig aus.**

Duft   essbar   Schnittblume   giftig   pflegeleicht

## 7 BLÜTENTRÄUME AUS DER TÜTE

# VIELE BLÜTEN – WENIG ARBEIT

**1 Gießen:** Bei anhaltender Trockenheit sollten Sie die junge Saat zweimal pro Woche in den Morgenstunden durchdringend wässern. Nicht abends gießen: Das lockt Schnecken an.

**2 Verblühtes entfernen:** Die Blumenmischung blüht zwar auch ohne Schnittmaßnahmen bis zum ersten Frost. Die Blütezeit der einzelnen Blumen lässt sich aber verlängern, wenn Sie verwelkte Blüten abschneiden oder ausknipsen – zudem sieht die Gesamtfläche schöner aus.

**3 Unkraut entfernen:** Packpapier und dichter Bewuchs halten das Unkraut auf der Beetfläche fern. Nur an den Rändern müssen Sie hin und wieder auflaufende Disteln und anderes Unkraut entfernen. Unkraut wird in der Biotonne entsorgt.

**Ein Sommerblumenbeet** ist ausgesprochen pflegeleicht. Wenn die Beetvorbereitungen abgeschlossen und die Samen nach den Eisheiligen in der Erde sind, ist die meiste Arbeit schon getan. Jetzt heißt es, den Samen bis zum Auflaufen gleichmäßig feucht zu halten und vor hungrigen Vögeln zu schützen. Schnell haben Spatzen und Co. erkannt, welche Leckerbissen da in der Erde schlummern. Binden Sie Alu-Streifen an Bambusstöckchen und stellen sie übers Beet verteilt auf. Das vertreibt die „Samendiebe" für eine Weile. Bereits nach einer Woche spitzen die ersten Blättchen aus der Erde, und bald überzieht das zarte Grün der jungen Pflänzchen das ganze Beet. Das lockt weitere Feinschmecker an. Besonders nachts und bei feuchter Witterung rücken Nacktschnecken aus der ganzen Umgebung an, um sich an den zarten Keimlingen gütlich zu tun.

Um der Plagegeister Herr zu werden, können Sie:
- einen Schneckenzaun ums ganze Beet herum anlegen,
- Holzbretter oder Kartoffelscheiben auslegen, unter denen sich die Schnecken sammeln und dann abgelesen werden können,
- teures Schneckenkorn ausstreuen (vor allem an den Beeträndern),
- in der Abenddämmerung und an feuchten Tagen auf Schneckenjagd gehen.

Die Sommerblumen sind für Schnecken nur im Keimstadium interessant. Sobald sie eine gewisse Größe erreicht haben, sind keine Fraßschäden mehr zu beobachten. Andere Schädlinge oder gar Krankheiten brauchen Sie bei den Blumenmischungen nicht befürchten. Die bunte Artenvielfalt aus der Tüte lässt Blattläuse, Pilze, Bakterien und Viren gar nicht erst aufkommen.

## Das bleibt noch zu tun

Achten Sie auf Unkräuter, die an den Beeträndern auflaufen können. Hier wachsen die Blumen spärlicher, und das „hindernde" Papier liegt nicht so dicht auf.
- Einmal wässern in der Woche reicht. Wenn das Beet in Blüte steht, muss nur noch bei anhaltender Trockenheit gegossen werden.
- Wenn Sie einen lehmigen oder humosen Gartenboden mit hohem Nährstoffgehalt haben, brauchen Sie nicht zu düngen. Lediglich auf mageren Sandböden sollten Sie nachdüngen, damit der Flor bis in den Spätsommer und Herbst hinein anhält (→ Abb. 4). Verwenden Sie schnell wirkenden mineralischen Dünger. Beachten Sie unbedingt die Dosierungsanleitung auf der Packung.
- Wenn die Blüte Ende September nachlässt, wird es Zeit, das Beet abzuräumen und die abgeblühten Pflanzen auszureißen (→ Abb. 5). Manche Arten wie Flockenblume oder Ringelblume säen sich willig aus und haben sicherlich schon den einen oder anderen Samen ausgestreut. Sie treten dann im kommenden Jahr als charmante Gartenvagabunden auf.

**Was tun, wenn ...**

**... Lücken im Beet bleiben?**
Wenn die Samen unregelmäßig keimen oder stellenweise von Vögeln weggefressen werden, dann stechen Sie an einer dicht bewachsenen Ecke mit der Handschaufel eine Gruppe Sämlinge aus und setzen sie in die Lücken ein. Gut angießen – nach kurzer Zeit hat sich die Pflanzfläche geschlossen.

4 **Düngen:** Messen Sie die für die Fläche nötige Düngermenge ab und verteilen Sie die Düngerkörner gleichmäßig per Hand über die Beetfläche.

5 **Beet abräumen:** Wenn die Sommerblumen unansehnlich geworden sind, können Sie mit dem Abräumen beginnen. Am besten lockern Sie den Boden erst einmal mit der Grabegabel.

*Ein prima Spielplatz, Mama!*

GLÜHEND HEISS IM SOMMER, DAZU TROCKEN UND STEINIG: KEINE ANDERE GARTENSITUATION IST BESSER FÜR EIN KIESBEET GEEIGNET ALS EINE HAUSWAND IM SÜDEN.

# Mediterranes Flair im Kiesbeet

**8**

# 8 MEDITERRANES FLAIR IM KIESBEET

# Ein Pflanzenbett aus lauter Kies

## Das braucht man dazu:

**PFLANZEN**

a) 2 x Blaustrahlhafer
*Helictotrichon sempervirens*

b) 3 x Duftnessel
*Agastache foeniculum* 'Blue Fortune'

c) 6 x Goldwolfsmilch
*Euphorbia polychroma*

d) 3 x Hohe Fetthenne
*Sedum telephium* 'Herbstfreude'

e) 100 x Krokus
*Crocus ancyriensis*

f) 2 x Prachtkerze
*Gaura lindheimeri* 'Siskyou Pink'

g) 5 x Steinquendel
*Calamintha nepeta* ssp. *nepeta*

h) 5 x Steppensalbei
*Salvia nemorosa* 'Caradonna'

**ZUBEHÖR**
Schubkarre, Spaten, Schaufel, Grabegabel, Krail, Rechen, ca. 1,6 m³ Kies (Körnung 0–45), Eimer, Handschaufel, Distelstecher, Stahlkanten (4 x 0,15 m)

**KURZINFO**

| | |
|---|---|
| Anlage | Sept. – Okt. |
| Standort | vollsonnig |
| Bodentyp | Kies |
| Beetgröße | 4 x 2 m |
| Zeitbedarf | 2 Pers. ca. 2 Tage |
| Pflegebedarf | wenige Stunden im Jahr |
| Level | ✿ ✿ |

**Der Platz direkt an der Südwand** des Hauses ist schwierig zu gestalten. Durch die starke Sonneneinstrahlung und den Regenschatten unter dem Dachvorsprung entsteht ein trockener, im Sommer zeitweise extrem aufgeheizter Standort. Rasen will hier nicht wachsen. Der Versuch, ein Beet mit Blumen anzulegen, scheitert oft an der falschen Pflanzenauswahl. Obwohl ständig gegossen, kümmern die Blumen meist nur so vor sich hin oder gehen ganz ein. Bevor Sie diese problematische Fläche aus lauter Verzweiflung zupflastern: Wie wäre es mit einem blühenden Kiesbeet? Das ist zwar etwas Arbeit, lohnt sich aber.
Für ein Kiesbeet wird der vorhandene Oberboden entfernt und durch eine Kiesschicht ersetzt. In diese Kiesschicht werden Pflanzen gesetzt, die sich unter diesen extremen Bedingungen besonders wohl fühlen und von Jahr zu Jahr schöner werden. Fachgerecht vorbereitet und standortgerecht bepflanzt, wird ein Kiesbeet bereits nach wenigen Wochen und Monaten zum attraktiven Blickfang. Die im Kies zunächst etwas verloren

# Die Beet-Idee

wirkenden Pflanzen fangen rasch zu wachsen an. Bald überzieht frisches Grün den nackten Kies. Bunte Farben und vielfältige Formen stehen in spannendem Kontrast zum steinigen Untergrund. Was kaum möglich schien: Spätestens nach drei Jahren ist aus der Steinwüste eine üppig blühende Oase entstanden.

## Perfekt abgestimmt

Der Schlüssel zum Erfolg liegt in der optimalen Abstimmung von Bodenmaterial, Standort und Pflanzenauswahl. Es gibt eine erstaunlich große Anzahl von Pflanzen, die sich in steinigen Böden in brütender Hitze so richtig wohlfühlen. Sie kennen diese Lebensbedingungen aus ihrer Heimat und haben sich entsprechend darauf eingestellt, z. B. mit schmalen kleinen Blättern, die die Verdunstung reduzieren (Steinquendel), oder dickfleischigen Blättern, die Wasser speichern können (Fetthenne). Von Natur aus genügsam, kommen die Kiesbeetpflanzen außerdem mit äußerst wenigen Nährstoffen aus. In zweifacher Hinsicht aber sind sie durchaus anspruchsvoll: Sie vertragen überhaupt keine Staunässe und brauchen viel Luft im Wurzelraum. Beide Forderungen kann ein steiniges Substrat bestens erfüllen. Selbst bei Stark- oder Dauerregen läuft alles Niederschlagswasser zwischen den Kieselsteinen rasch ab, die großen Hohlräume zwischen den Steinen füllen sich schnell wieder mit Luft. Das ist besonders in Regionen mit nassen Wintern sehr wichtig. Alle Kiesbeetpflanzen sind zwar vollkommen frosthart, reagieren aber sehr empfindlich auf zu viel Winternässe.

## Andauernde Blüte

Während im restlichen Garten noch der Winter herrscht, ist der Frühling im Kiesbeet bereits eingezogen. An der geschützten Hauswand lockt die Sonne oft schon Ende Januar die Krokusse aus der Erde. Im Mai folgen Goldwolfsmilch und Steppensalbei. Duftnessel, Fetthenne und Steinquendel blühen bis zum Frost, der in dieser geschützten Lage lange auf sich warten lässt.

### Hitzeliebend – der Lavendel

Der viel geliebte Lavendel ist ebenfalls ein idealer Kandidat für das Kiesbeet. Hier fühlt er sich ganz zu Hause, entspricht der Standort doch genau den Bedingungen in seiner Heimat. Er wächst im Kiesbeet sehr kompakt und gedrungen und muss nur selten geschnitten werden.

Selbst in den Wintermonaten entstehen zauberhafte Bilder, wenn Schnee und Raureif noch immer standhafte Blütenstände verzaubern.
Auch ein sonniger Vorgarten eignet sich übrigens gut für ein Kiesbeet. Es bietet ganzjährig einen attraktiven Anblick und braucht nur wenig Pflege – Eigenschaften, die gerade im Vorgarten von großem Vorteil sind.
Alle Pflanzen werden direkt in den Kies gesetzt, Starthilfen in Form von Erde, Humus oder Dünger sind nicht nötig. Dagegen gewährleisten anfangs regelmäßige Wassergaben das schnelle Einwachsen der jungen Pflanzen.
Bereits nach wenigen Monaten, spätestens nach einem Jahr erübrigt sich auch diese Pflegemaßnahme. Ab jetzt kommen die Pflanzen mit der vorhandenen Wassermenge aus.

So legen Sie Ihr Beet an:

# 8 MEDITERRANES FLAIR IM KIESBEET

## BODEN RAUS – KIES REIN

**Einmal fertig angelegt,** macht das Kiesbeet kaum noch Arbeit. Bis es aber so weit ist, sind Stunden schweißtreibender Arbeit erforderlich. Besonders Ihre Arm- und Schultermuskeln werden Sie – wie nach einem Besuch im Fitness-Studio – dann am Abend spüren! Schließlich gilt es, zunächst die vorhandene Erdschicht auszuheben und anschließend die entstandene Grube Schubkarre für Schubkarre mit Kies aufzufüllen. Natürlich können Sie diese Arbeit auch mit einem Mini-Bagger erledigen. Andererseits erfüllt Sie nach getaner Arbeit ein Gefühl tiefer Befriedigung beim Anblick des eigenhändig angelegten Beetes!
Wie bei allen Gartenarbeiten sollten Sie auch hier die Arbeit gut vorausplanen. Die beste Zeit zur Anlage eines Kiesbeetes ist im frühen Herbst, dann können Sie die Krokusse für die Frühjahrsblüte gleich mit einpflanzen.

Stellen Sie zunächst einmal alles Werkzeug laut Liste zusammen. Es ist nichts ärgerlicher, als wenn mitten in der Arbeit etwas fehlt. Leihen Sie sich eventuell ein paar Schaufeln, vielleicht finden sich ja für die Aushubarbeiten ein paar freiwillige Helfer?
Besorgen Sie sich die im Pflanzplan angegebenen Pflanzen. Krokusse bekommen Sie im Gartenfachhandel oder per Versand. Die anderen Pflanzen sollten Sie in einer Staudengärtnerei kaufen – entweder direkt im Betrieb oder über einen angebotenen Versandservice. Bestehen Sie auf den angegebenen Arten. Natürlich kommen auch andere Pflanzen für ein Kiesbeet in Frage, aber mit der vorgeschlagenen Kombination gehen Sie als Anfänger auf Nummer sicher.
Den Kies bekommen Sie am günstigsten in einem Kieswerk. Am besten lassen Sie sich den Kies liefern. Die angegebene Menge wiegt ein paar Tonnen und muss mit entsprechenden Fahrzeugen gefahren werden. Wenn es kein Kieswerk in Ihrer Nähe gibt, fragen Sie im Baumarkt nach steinigem Material. Sie müssen nicht unbedingt Kies verwenden – Schotter oder Splitt eignet sich ebenfalls. Kies sind von Flüssen und Bächen rund geschliffene Steine, Schotter ist kantig. Kantige Steine kleiner als 2 cm nennt man Splitt. Das in Ihrer Region vorhandene Material, z. B. Flusskies oder Kalkschotter, ist in der Regel besonders preiswert. Das steinige Material wird in unterschiedlichen Größen (Körnung) angeboten. Dabei ist jeweils der Durchmesser in mm angegeben. Nach meiner Erfahrung eignet sich Kies in einer Körnung von 0–45 mm (eine Mischung von winzigen Sandkörnchen bis zu Kieselsteinen von 45 mm Durchmesser) am besten. Sie können aber auch Schotter der Körnung 0–32 oder Splitt 2–16 verwenden. Lassen Sie den Kies zunächst abseits der Baustelle abkippen.

## Die richtige Anlage

### Das Kiesbeet entsteht

Zuerst spannen Sie eine Schnur, mit der Sie die Beetkante markieren.

Entfernen Sie anschließend akribisch alles Unkraut – auch wenn der Boden anschließend ausgehoben wird. Nur so sind Sie einigermaßen sicher, dass keine Wurzelunkräuter im Beet bleiben, die Ihnen später das Leben schwer machen. Da hilft übrigens auch kein Unkrautvlies, das gegenwärtig als Allheilmittel gegen hartnäckige Wurzelunkräuter angeboten wird. Spätestens nach zwei Jahren haben sich selbst Reste von Quecke oder Giersch durch das Vlies an die Oberfläche gekämpft und bedrängen die anderen Pflanzen massiv.

Tragen Sie dann den Boden Stück für Stück ab. Vielleicht brauchen Sie die Erde an anderer Stelle im Garten, z. B. um ein Hügelbeet anzulegen oder eine Sichtschutzböschung zu modellieren. Entfernen Sie eine Bodenschicht von ca. 20 cm, das reicht völlig aus.

Bevor Sie den Kies einfüllen, sollten Sie unbedingt die Sohle der ausgehobenen Grube mit der Grabegabel gründlich auflockern. Durch das Ausgraben ist der Boden darunter verdichtet – Wasser soll aber ja zügig abfließen.

Verlegen Sie auch gleich eine Stahlkante, die den Rasen sauber von der Kiesfläche trennt. Sonst wachsen Ihnen immer wieder Rasengräser in das Beet hinein. Im Gegenzug „wandern" die Kiesel nach und nach in den Rasen.

Wenn der Kies glatt gezogen ist, können Sie die Pflanzen einsetzen. Das hört sich leichter an als getan: Sobald man nämlich mit der Pflanzkelle anfängt, ein Loch zu graben, rutscht der Kies sofort nach. Zu zweit geht es meist leichter! Vergessen Sie auf keinen Fall, die Pflanzen vor dem Einsetzen ausgiebig zu wässern! Machen Sie sich auch die Mühe und entfernen Sie nach dem Austopfen die oberste Erdschicht des Topfballens. Hier warten in der Regel besonders viele Unkrautsamen auf ihren Einsatz.

Zu guter Letzt werden die Pflanzen wie immer nochmals gründlich angegossen.

*Kies gibt es in den unterschiedlichsten Größen (Körnung) und Farben.*

**1 Unkraut entfernen:** Arbeiten Sie am besten zu zweit: Während der eine mit der Grabegabel den Boden gründlich lockert, zieht der andere die Unkräuter sorgfältig aus der Erde.

## 8 MEDITERRANES FLAIR IM KIESBEET

**2 Boden ausheben:** Auch hier ist Teamwork zu empfehlen. Die mit der Grabegabel gelockerte Erde lässt sich leicht mit der Schaufel in die Karre heben. Ziehen Sie dazu festes Schuhwerk an!

**3 Kante nachstechen:** Stechen Sie die Rasenkante mit dem Spaten entlang der Schnur ab. Halten Sie dabei das Spatenblatt mit der Rückseite zur Kante möglichst gerade. Nur so entsteht eine gute Kante, an der das Stahlband gerade angelegt werden kann. Je sorgfältiger Sie arbeiten, desto sauberer wird die Beetkante werden.

**4 Stahlkante einbauen:** Fixieren Sie die aufgestellten Kanten Stück für Stück von der Innenseite her mit Kies und füllen Sie auf der Außenseite Erdaushub an. Sorgen Sie dafür, dass während des Auffüllens die Kante senkrecht steht.

**5 Kies glatt ziehen:** Verteilen Sie den Kies mit der Schubkarre in kleineren Haufen auf der ausgehobenen Fläche. Mit Rechen und Harke lässt er sich anschließend relativ leicht eben ziehen. Ziehen Sie zum Schluss mit dem Rechen nach außen gefallene Steinchen ins Beet zurück.

Die richtige Anlage

**6 Pflanzen ausstellen:** Stellen Sie die Pflanzen erst einmal im Beet auf. Dann können Sie den Stand immer noch ein bisschen korrigieren. Die Krokuszwiebeln werden erst ausgelegt, wenn alle Topfpflanzen in der Erde sind.

**7 Pflanzen einsetzen:** Das Einsetzen der Pflanzen ist nicht ganz so einfach, da der Kies immer nachrutscht. Graben Sie mit der Handschaufel eine Mulde und fixieren Sie den Kies so gut es geht – besser geht das natürlich zu zweit.

**8 Krokusse pflanzen:** Verteilen Sie alle Krokuszwiebeln zunächst in Tuffs auf der ganzen Fläche. Formen Sie für jeden Tuff anschließend eine ca. 5 cm tiefe Mulde. Da hinein stellen Sie die Zwiebeln so, dass die kleinen Spitzen nach oben zeigen. Wechseln Sie die Abstände zwischen den Zwiebeln ab – mal 2 cm, mal 4,5 cm.

**9 Pflanzmulden anfüllen:** Wenn alle Krokusse eingelegt sind, dann füllen Sie die Mulden eben mit Kies auf. Nehmen Sie nicht zu viel Kies auf die Schaufel und kippen Sie ihn vorsichtig ab, damit die Krokuszwiebeln nicht verrutschen.

**8** MEDITERRANES FLAIR IM KIESBEET

## PFLANZEN FÜR DAS KIESBEET

**1** Blaustrahlhafer ☀ ❄ ⊛
*Helictotrichon sempervirens*

BLÜTEZEIT: Juli – August, HÖHE: 40–100 cm
**Winterhartes Gras** mit blaugrauen Halmen. Aus dem Schopf erheben sich gelbliche Blütenrispen.

**2** Duftnessel ☀ ❄ 🐝 ⊛
*Agastache foeniculum* 'Blue Fortune'

BLÜTEZEIT: Juli – September, HÖHE: 60–80 cm
Winterharte, mehrjährige Gartenblume. Buschiger Wuchs, lang anhaltende Blüte. Blätter verströmen beim Zerreiben einen aromatischen Duft. **Insektenmagnet.**

**3** Goldwolfsmilch ☀ ◐ ❄ ⚠ ⊛
*Euphorbia polychroma*

BLÜTEZEIT: April – Mai, HÖHE: 30–40 cm
Mehrjähriger, winterharter Bodendecker. Lang anhaltende Blüte. Laub färbt sich im Herbst rötlich. **Enthält giftigen Milchsaft.**

**4** Hohe Fetthenne ☀ ❄ ⊛
*Sedum telephium* 'Herbstfreude'

BLÜTEZEIT: Sept. – Okt., HÖHE: ca. 60 cm
Winterharte, buschige Staude mit straff aufrechten Trieben, fleischigen Blättern und großen rosafarbenen Blütendolden. Sieht vom Austrieb bis zum Rückschnitt im Februar **immer attraktiv** und „ordentlich" aus. Besonders schön zu Gräsern. Insektenmagnet und gute Bienenweide. Eignet sich auch sehr gut für Trockensträuße.

☀ Sonne ◐ Halbschatten ● Schatten 🗓 Ein-/Zweijährige ❄ winterhart

Pflanzen-Porträts

### 5 Krokus ☀ ❄ ⚙
*Crocus ancyriensis*

BLÜTEZEIT: Februar – März, HÖHE: 5 cm
Mehrjährige, **winterharte Zwiebelblume**. Wildform. Blüht oft schon Ende Januar. Erste Insekten-Futterpflanze im Jahr. Zieht nach der Blüte ein. Versamt sich an zusagenden Standorten. Liebt Feuchtigkeit im Frühjahr und Trockenheit im Sommer. Sehr schön auch im Steingarten.

### 6 Prachtkerze ☀ ❄ ⚙
*Gaura lindheimeri* 'Siskyou Pink'

BLÜTEZEIT: Juli – Oktober, HÖHE: ca. 60 cm
Mehrjährige, aber **kurzlebige Gartenblume**. Auf trockenen, nährstoffarmen Böden winterhart. Sät sich an zusagenden Standorten aus. Extrem hitze- und trockenverträglich.

### 7 Steinquendel ☀ ❄ 🫖 ⚙
*Calamintha nepeta* ssp. *nepeta*

BLÜTEZEIT: Juli – Oktober, HÖHE: 30–40 cm
**Mehrjährig, winterhart.** Bildet breite, buschige Polster, die über Wochen bis zum Frost in Blüte stehen. Zieht Bienen und Hummeln an.

### 8 Steppensalbei ☀ ❄
*Salvia nemorosa* 'Caradonna'

BLÜTEZEIT: Mai – Oktober, HÖHE: ca. 50 cm
Buschige Pflanze. Durch die **lange Blütezeit** und den eleganten Wuchs sehr vielseitig zu verwenden.

🌸 Duft    🫖 essbar    ✂ Schnittblume    ☠ giftig    ⚙ pflegeleicht

# MIT WENIGEN HANDGRIFFEN GEPFLEGT

**Im ersten Jahr nach der Pflanzung** müssen Sie sich noch ein bisschen um Ihr Kiesbeet kümmern. Sorgen Sie vor allem dafür, dass die Ballen der Pflanzen niemals austrocknen. Das heißt aber nicht, dass Sie jeden Tag zur Gießkanne greifen müssen. Erst wenn es längere Zeit nicht geregnet hat, wird es Zeit, durchdringend zu gießen. Das kann im Hochsommer bereits nach ein paar Tagen der Fall sein, im Frühjahr und Herbst besteht erst nach zwei, drei Wochen ohne Regen Handlungsbedarf. Ende Oktober spätestens wird auch in der Anwachsphase das Gießen eingestellt. Übrigens: „Durchdringend gießen" bedeutet pro Pflanze ungefähr 5 Liter Wasser – am besten nach und nach verabreicht. So sind Sie sicher, dass das Wasser wie bei einem Landregen den Ballen richtig durchfeuchtet und nicht ungenutzt durch den Kies davonrauscht. Halten Sie den Strahl der Gießkanne dabei direkt an den Wurzelbereich der Pflanzen, ohne allerdings den Kies auszuspülen. Eine zeitaufwändige Prozedur, zugegeben. Aber eben nur während der Anwachsphase. Bereits bei dieser Arbeit werden Sie merken, wie angenehm sich die Pflegearbeiten in einem Kiesbeet gestalten. Auf der festen Kiesfläche kann man prima laufen, ohne sich die Schuhe schmutzig zu machen. Es besteht auch keine Gefahr, den Boden durch das Betreten zu verdichten, wie das vor allem bei Lehmböden der Fall ist. Jede Pflanze lässt sich bequem und sauber erreichen. Kontrollieren Sie das Beet besonders in der ersten Zeit nach dem Pflanzen auf Unkraut. Löwenzahn und andere Samenunkräuter schlummern oftmals als Samen in den Topfballen und fangen schnell an zu keimen. Entfernen Sie Unkraut regelmäßig und frühzeitig. Auf keinen Fall sollte es in Blüte kommen und sich aussäen (→ Abb. 2). Achten Sie auch immer noch auf Wurzelunkräuter. Vielleicht hat trotz sorgfältiger Bodenvorbereitungen doch noch die eine oder andere Wurzel überlebt und erwacht zu neuem Leben.

Wie bereits mehrfach erwähnt, lässt sich das Kiesbeet an Pflegeleichtigkeit kaum noch überbieten. Einige wenige Stunden Arbeit übers ganze Jahr verteilt genügen, um das Beet in einem ansprechenden Zustand zu halten.

## FRÜHJAHR

Sobald die ersten **Krokusse** ihre grünen Blattspitzen aus dem Kies schieben, wird es Zeit für den Rückschnitt. In milden Wintern kann es bereits Ende Januar so weit sein. Schneiden Sie alle Pflanzen bis auf den Blaustrahlhafer bis zum Boden zurück. Am besten geht das mit der Gartenschere: Halten Sie die Pflanzen mit der einen

1 **Salbei zurückschneiden:** Für einen zweiten kräftigen Flor kann der Steppensalbei bis zum Boden zurückgeschnitten werden. In 2–3 Wochen steht er bereits wieder in Blüte.

Pflege-Tipps

**2 Löwenzahn ausstechen:** Im Kies kann sich kein Unkraut so richtig festsetzen. Selbst Löwenzahn mit seiner langen Wurzel lässt sich leicht mit einem Distelstecher entfernen. Lassen Sie den Löwenzahn nie zur Blüte kommen!

Hand fest und schneiden Sie mit der anderen Hand die Stängel ab. Lassen Sie kein Schnittgut auf dem Kiesbeet liegen, es würde nur unnötig Nährstoffe einbringen. Entfernen Sie bei der Gelegenheit auch gleich das Falllaub, das der Wind angeweht hat. Nicht, dass es verrottet und den Boden ebenfalls mit Nährstoffen anreichert.
Den **Blaustrahlhafer** können Sie mit der Hand „durchkämmen" und dabei alte Halme und Blüten entfernen.
Während alle anderen Pflanzen im Kies eher hungrig stehen sollten, damit sie zu voller Schönheit gelangen, brauchen **Zwiebelblumen** ein wenig „Zufütterung". Richten Sie zur Krokusblüte daher eine Gießkanne mit flüssigem Dünger her – Packungsanweisung beachten – und düngen Sie damit die Krokusse. Achten Sie aber darauf, dass nur die Krokusse Dünger bekommen!

## SOMMER

Kontrollieren Sie weiterhin den Unkrautanflug. Mit den Jahren wächst das Beet so zusammen, dass sich immer weniger Unkräuter ansiedeln.

Wenn die Pflanzen eingewachsen sind, sollten Sie nicht mehr gießen. Alle Pflanzen kommen jetzt selbst zurecht. Zusätzliche Wassergaben würden sie nur „verweichlichen". Sollte der **Steppensalbei** im Blühen nachlassen, hilft ein kräftiger Rückschnitt (→ Abb. 1). Achten Sie darauf, dass kein Schnittgut im Beet liegen bleibt. Manche der Kiesbeetpflanzen samen sich aus, wenn sie sich wohlfühlen. Das ist in Ordnung – solange sie nicht überhandnehmen. Stellen Sie notfalls die Ordnung wieder her, indem Sie zu zahlreich aufgehende Sämlinge ausreißen.

## HERBST

Der **Blaustrahlhafer** kann nach einigen Jahren in seiner Wuchs- und Blühleistung nachlassen. In dem Fall sollten Sie ihn Anfang September ausgraben, teilen und die Teilstücke neu einpflanzen (→ Abb. 3). Schneiden Sie nach dem ersten Frost nur die Blütenstände zurück, die umgekippt oder unansehnlich geworden sind. Alle anderen Staudenpflanzen dürfen den Winter über stehenbleiben und Sie mit ihrem Anblick erfreuen.

**3 Verjüngen:** Älterem Blaustrahlhafer tut eine Verjüngungskur gut. Teilen Sie dazu die Mutterpflanze und setzen Sie ein Teilstück wieder ein.

# GARTENBLUMEN SELBST VERMEHREN

**Neben der Aussaat** (→ Seite 127) lassen sich Pflanzen auch durch Teilung oder Stecklinge vermehren. Während im Samenkorn das Erbgut der Eltern verschmilzt und eine Pflanze mit neuen Eigenschaften entsteht, sind aus Stecklingen oder Teilstücken gezogene Pflanzen mit der Mutterpflanze identisch. Viele mehrjährige, winterharte Gartenblumen können – ja müssen sogar geteilt werden. Sie lassen nach einigen Jahren in der Blüte nach oder verkahlen von innen. Eine Verjüngungskur durch Teilung ist nötig. Sie werden dazu ausgegraben, in mehrere Stücke geteilt und anschließend wieder eingepflanzt (→ Abb. 1 und 2). Ein guter Zeitpunkt zum Teilen ist nach der Blüte oder im Frühjahr bzw. Herbst. Sommerblumen wie Geranie und Fuchsie oder Sträucher wie Buchsbaum werden durch Stecklinge vermehrt. Die Stecklinge werden im Frühjahr oder Frühherbst geschnitten und in spezielle Anzuchterde gesteckt (→ Abb. 3, 4 und 5).

**1 Iris teilen:** Iris teilt man am besten nach der Blüte – je nach Sorte also von Mitte Juli bis Anfang September. Die Wurzelstöcke (Rhizome) werden dazu mit der Grabegabel ausgegraben, die anhaftende Erde wird grob entfernt. Zum Teilen legen Sie die Wurzelstöcke am besten auf eine Arbeitsplatte. Die Rhizome der Bartiris lassen sich leicht auseinanderziehen. Sollten die Wurzelstöcke abbrechen, dann schneiden Sie die Bruchstellen mit einem scharfen Messer nach.

**2 Dahlienknollen teilen:** Auch Dahlien lassen sich leicht und einfach durch Teilung vermehren. Das ist vor allem dann von Nöten, wenn Ihnen eine Sorte besonders gut gefällt. Ende April, Anfang Mai ist eine gute Zeit für diese Arbeit, denn kurz vor dem Auspflanzen ins Freie sind die Triebknospen an den Knollen schon gut zu erkennen. Schneiden Sie die Knollen mit einem scharfen Messer auseinander. Jedes Teilstück sollte einen Stängel mit gut ausgebildeten Knospen haben.

3 **Stecklinge schneiden:** Zur Stecklingsvermehrung eignen sich vor allem die Triebspitzen. Machen Sie Stecklinge nur von makellosen, gesunden Pflanzen, die sich nicht in Blüte befinden. Schneiden Sie mit einem scharfen Messer 5–10 cm lange Triebspitzen ab. Streifen Sie die unteren Blattpaare ab und stecken Sie die Triebe in eine mit Anzuchterde gefüllte Multitopfplatte. Nicht zu tief in die Erde einstecken. In der obersten Erdschicht wird die Schnittstelle am besten mit Sauerstoff versorgt.

4 **Angießen und wurzeln lassen:** Wenn die Multitopfplatte voll ist, werden die Stecklinge angegossen. Dabei soll die Erde an die Schnittstelle gespült werden, so dass sie Erdkontakt bekommt und schneller Wurzeln bildet. Benutzen Sie eine Gießkanne mit feinem Strahl, damit der Steckling nicht umkippt. Nach dem Angießen stellen Sie die Platte in ein Mini-Gewächshaus. An einem hellen, warmen Platz (keine direkte Sonneneinstrahlung) wurzeln die Stecklinge am besten.

5 **Feucht halten:** Da die Stecklinge noch keine Wurzeln haben, um Wasser aufzunehmen, ist es wenig sinnvoll, sie ständig zu gießen. Stattdessen sollten Sie regelmäßig die Blätter besprühen, um die Verdunstung zu reduzieren. Damit sorgen Sie für „gespannte Luft", wie die Gärtner sagen. An warmen Tagen, wenn die Anzuchterde erkennbar austrocknet, ist vorsichtiges Gießen nötig. Lüften Sie das Gewächshaus jetzt auch. Neuer Austrieb an den Triebspitzen zeigt die erfolgreiche Bewurzelung an.

*Einfach mal abschalten...*

WO NICHT VIEL PLATZ ZUR VERFÜGUNG STEHT, MUSS MAN SICH ETWAS EINFALLEN LASSEN. WIE WÄRE ES MIT EINEM WEIDENTIPI ALS KLETTERHILFE FÜR EINE PRUNKWINDE?

# Ein Weidentipi im Cottagebeet

**9**

## 9 EIN WEIDENTIPI IM COTTAGEBEET

# Vielfalt auf kleinster Fläche

### Das braucht man dazu:

**PFLANZEN**

a) 1 x Andenbeere
*Physalis peruviana*

b) 1 x Gelbbunter Gewürzsalbei
*Salvia officinalis* 'Aurea'

c) 5 x Kissenaster
*Aster dumosus* 'Augenweide'

d) 5 x Löwenmäulchen
*Antirrhinum majus*

e) 3 x Mangold
*Beta vulgaris*

f) Prunkwinde (2 Samentütchen)
*Ipomoea*-Hybride 'Blue Star'

g) 3 x Rittersporn (blau und weiß)
*Delphinium elatum* 'Lanzenträger'

h) 5 x Salat (rotblättrig)
*Lactuca sativa*

**ZUBEHÖR**

Multitopfplatten, Aussaaterde, Sieb, Mini-Treibhaus, kleine Gießkanne mit feiner Brause, 15 Weidenruten (ca. 2 m lang), ein Bündel dünner Weidenzweige (ca. 1,20 m lang), Soft-Ties, Schnecken-Manschette

### KURZINFO

| | |
|---|---|
| Anlage | Mai oder Juni |
| Standort | sonnig |
| Bodentyp | humos, lehmig-sandig |
| Beetgröße | 3 x 3 m |
| Zeitbedarf | Aussaat 1 Std., Anlage 2–3 Std. |
| Pflegebedarf | 1–2 Std./Woche |
| Level | ✿ ✿ |

**Ein buntes, fröhliches Durcheinander** – so kommt das Cottagebeet daher. Gelbblättriger Salbei gedeiht neben rotstieligem Mangold. Blau und weiß blühen Rittersporn und Kissenastern, dazu Löwenmäulchen in frischem Pink. Knallig orange lachen uns die leckeren Früchte der Andenbeere an. Über der ganzen bunten Pracht leuchten die tiefvioletten Blüten der Prunkwinde.

Ein Cottage-Beet passt in den kleinsten Garten. Ein paar Quadratmeter reichen aus, um zwischen üppig blühenden Blumen ein paar Kräuter, etwas Salat und Gemüse heranzuziehen. Und wenn es gar zu eng wird, weicht man einfach nach oben aus und lässt blühende Pflanzen in die Höhe wachsen. Ob hinter dem Haus oder im Vorgarten: Wichtig für gutes Gedeihen ist ein sonniger, windgeschützter Standort.

Rittersporn und Kissenastern sind winterhart. Sie können mehrere Jahre am gleichen Platz stehen bleiben und werden von Jahr zu Jahr breiter. Erst wenn sie in der Blüte nachlassen oder aus der Mitte heraus verkahlen, werden sie ausgegraben und geteilt. Das Löwenmäulchen dagegen blüht nur einen Sommer lang. Kein Problem, im nächsten Jahr können Sie zur Abwechslung andere Sommerblumen wie Zauberglöckchen oder Geranien pflanzen. So sieht das Cottagebeet jedes Jahr anders aus. Der Salat bleibt nur wenige Wochen zu Gast: Anfang Juni gepflanzt, können die Köpfe bereits im Juli geerntet werden. Auf den frei gewordenen Platz können Sie z. B. Radieschen für die Herbsternte aussäen. Die rubinroten Mangoldstängel sind ein spektakulärer Anblick – fast zu schade zum Ernten. Für fortlaufende Ernte schneiden Sie immer die äußeren, dicken Stiele ab. Ende August können Sie dann die ersten reifen Andenbeeren direkt vom Busch naschen. Dieses köstliche und vitaminreiche Obst ist leider nicht winterhart. Sie können es jedes Jahr aus Samen neu heranziehen. Damit die Früchte genügend Zeit zum Reifen haben, sollten Sie die Jungpflanzen bereits im Februar drinnen auf der Fensterbank kultivieren. Oder aber Sie graben die Andenbeere vor dem ersten Frost aus und überwintern sie frostfrei im Schuppen. So wird sie von Jahr zu Jahr größer und bringt dann eine reichere Ernte als eine einjährige Pflanze.

## Ein Tipi als Kletterhilfe

Der Star im Beet ist natürlich die Prunkwinde. Dieser wärmeliebende Schlinger wächst in atemberaubender Geschwindigkeit bis zu drei Meter hoch und begrünt mit seinem attraktiven herzförmigen Laub mühelos Spaliere, Zäune und andere Kletterhilfen. Die prachtvollen, riesigen Blüten erscheinen vier Wochen nach der Aussaat und überziehen zur Hauptblüte die ganze Pflanze. Später lässt der Flor etwas nach, aber bis zum Herbst erscheinen immer wieder neue Blüten. Die Prunkwinde lässt sich ganz leicht aus Samen heranziehen und ist daher bestens für erste Anzuchtversuche geeignet. Warten Sie mit der Aussaat so lange, bis es draußen warm ist, dann keimen die Samen besonders schnell.
Bis die Prunkwinden zur pflanzfertigen Größe herangewachsen sind, können Sie schon mal das

**Blüte offen – Blüte zu**

Wundern Sie sich nicht, wenn die Prunkwinden bei starkem Sonnenschein ihre Blüten ab Mittag schließen. Das ist ganz normal. Auch bei Regen bleiben die Blüten geschlossen. Die einzelne Blüte hält auch nur kurze Zeit, dafür erscheinen den ganzen Sommer über ständig neue Blüten.

Rankgerüst – in unserem Fall ein Tipi aus Weidenruten – bauen. Das geht relativ schnell und erfordert auch keine handwerklichen Fertigkeiten. Weidenruten können Sie draußen in der Natur schneiden, oder Sie bestellen fertige Ruten bei Spezialanbietern im Internet. Natürlich können Sie statt der Weidenruten auch andere biegsame Zweige, z. B. von Haselnuss oder Bambus, verwenden. Kinder helfen gerne beim Bauen mit und beobachten anschließend staunend, wie schnell sich die Prunkwinde um die dünnen Stecken in die Höhe schlingt.

Während die Prunkwinde spätestens nach dem ersten Frost abgeräumt wird, können die Weidenruten in der Erde bleiben. Im nächsten Jahr schlingen sich dann vielleicht Feuerbohnen oder Duftwicken an dem Gestell in die Höhe.

# EIN WEIDENTIPI IM COTTAGEBEET

## SO EROBERN SIE DIE DRITTE DIMENSION

**Anders als Salat,** Löwenmäulchen oder Mangold findet man Jungpflanzen von Prunkwinden selten im Angebot der Gärtnereien. Kein Problem: Säen Sie ab Mitte Mai die Pflänzchen einfach selber aus! Das ist kinderleicht und macht dazu viel Spaß. Sie können die Samen direkt an den Weidenstangen auslegen. Die Erfolgsquote ist aber größer, wenn Sie zunächst in Gefäßen ansäen und später die Jungpflanzen an die Stangen setzen.

### Prunkwinden anziehen

Verwenden Sie zur Anzucht der Prunkwinden spezielle Aussaaterde, Multitopfplatten und hochwertiges Saatgut. Die Aussaaterde ist in Struktur und Nährstoffgehalt optimal auf die Keimlinge eingestellt, und aus den Multitopfplatten können Sie die Jungpflanzen dann herausdrücken, ohne die zarten Wurzeln zu verletzen. Prunkwinden sind so genannte Dunkelkeimer, d. h., sie keimen am besten, wenn man die Samenkörner mit einer dünnen Schicht gesiebter Erde oder Sand abdeckt. Legen Sie in jede Zelle der Multitopfplatte 2–3 Samenkörner. Das vereinfacht die Arbeit beim Auspflanzen. Das Weidentipi besteht aus 15 Ruten. An jede Rute werden 2–3 Pflänzchen gesetzt. Sie benötigen also 30–45 Pflanzen.

### Das Weidentipi

Während die Prunkwinden heranwachsen, können Sie sich schon an den Bau des Tipis machen. Warten Sie, bis der Boden im Cottagebeet genügend abgetrocknet ist, damit die Erde bei der Arbeit nicht verdichtet. Besorgen Sie ein paar Tage zuvor die Weidenruten und alles andere Zubehör. Bevor Sie beginnen, sollten Sie alle Weidenruten ungefähr auf eine Länge schneiden. Übrigens: Weiden sind sehr vitale Gehölze und bilden – frisch in den Boden gesteckt – sehr schnell neue Wurzeln. Gleichzeitig treiben aus den Ruten frische kleine Blättchen. Damit Ihr Cottage-Beet nicht von jungen Weiden überwuchert wird, sollten Sie den Blattaustrieb mit der Hand abstreifen. Das nimmt den Ruten die Kraft zur Wurzelbildung.

Das Tipi selbst ist schnell gebaut. Arbeiten Sie am besten zu zweit, da geht die Arbeit leichter von der Hand. Kinder helfen auch gerne mit.
Nach den Eisheiligen können Sie dann die Prunkwinden an die Weidenruten setzen. Jetzt kommen auch alle anderen Pflanzen, die mehrjährigen (Kissenaster, Rittersporn und Gelbbunter Gewürzsalbei) und die einjährigen und nicht winterharten (Andenbeere, Löwenmäulchen, Salat und Mangold), an ihren Platz ins Beet.

## Die richtige Anlage

*1* **Erde einfüllen:** Füllen Sie eine Multitopfplatte mit Aussaaterde. Drücken Sie anschließend mit einer zweiten Platte die Erde leicht an. Natürlich können Sie auch die Hände oder ein kleines Holzstück für diese Arbeit zu Hilfe nehmen.

*2* **Samen auslegen:** Durch das Andrücken ist die Erde etwa 1 cm unter die Oberkante der Platte gesackt. Legen Sie in jedes Fach der Topfplatte 2–3 Prunkwinden-Samen. Der Abstand sollte ungefähr doppelte Samengröße betragen.

*3* **Mit Erde abdecken:** Sieben Sie zum Schluss Aussaaterde über die Samenkörner. Die Dicke der Schicht beträgt nur wenige Millimeter und entspricht der Größe der Samenkörner.

*In einem Mini-Gewächshaus keimen die Samen bereits nach ein paar Tagen.*

# 9 EIN WEIDENTIPI IM COTTAGEBEET

4

5

**4 Angießen:** Gießen Sie die Aussaat sorgfältig an. Verwenden Sie für diese Arbeit unbedingt eine Gießkanne mit feiner Brause, damit die gesiebte Erdschicht nicht weggespült wird. Gründliches Angießen erspart das Andrücken, die Erde bleibt locker und gut durchlüftet.

**5 Sämlinge anziehen:** Lassen Sie die Multitopfplatte nach dem Angießen kurz abtropfen und stellen Sie sie dann ins Mini-Gewächshaus. Das Glashaus kommt an einen hellen Platz, der aber nicht der direkten Sonneneinstrahlung ausgesetzt sein soll. Lassen Sie die Erde nie austrocknen. Wenn die Sämlinge ca. 5 cm groß sind, können sie ausgepflanzt werden (→ Abb. 11).

6

7

**6 Weidenruten einstecken:** Markieren Sie auf der Erde den Umfang des Tipis. Drücken Sie das dicke Ende der Ruten ungefähr 20 cm in den Boden. Die Ruten sollen fest sitzen. Ist der Boden sehr hart, lockern Sie ihn mit der Grabegabel auf.

**7 Ruten mit Band fixieren:** Die eingesteckten Ruten sollten alle im Bogen nach innen zeigen. Binden Sie dann die oberen Enden der Ruten mit Soft-Ties zusammen, so dass eine Tipi-Form entsteht. Auf diese Weise bekommt das Tipi ersten Halt. Die Arbeit geht zu zweit leicht von der Hand.

## Die richtige Anlage

**8 Zweigbänder herstellen:** Zum weiteren Stabilisieren der eingesteckten Weidenruten dienen eingeflochtene Bänder aus Weidenzweigen. Halten Sie drei oder vier dünne Weidenruten mit den Knien fest und drehen oder flechten sie zu einem lockeren Band zusammen.

**9 Zweigbänder einflechten:** Beginnen Sie nun, die Zweigbänder ungefähr 20 cm unter der Spitze in die Weidenruten zu flechten. Wie bei einer Webarbeit wird das Zweigband mal über, mal unter den Ruten geführt.

**10 Tipi stabilisieren:** Flechten Sie auch im unteren Bereich des Tipis, etwa 30 cm über der Erde, Zweigbänder ein. Die Bänder stabilisieren das Weidentipi zusätzlich und halten die Ruten zusammen. Lose Enden einfach in die Bänder stecken, damit man sie nicht mehr sieht. Arbeiten Sie auch hier am besten zu zweit.

**11 Jungpflanzen einsetzen:** Nach den Eisheiligen können Sie die Jungpflanzen der Prunkwinde an die Weidenstangen auspflanzen. Gießen Sie nach dem Pflanzen gründlich an!

# 9 EIN WEIDENTIPI IM COTTAGEBEET

## BUNTER MIX IM COTTAGEBEET

**1 Andenbeere** ☼ ⌂
*Physalis peruviana*

ERNTEZEIT: September – Oktober, HÖHE: ca. 120 cm
Nicht winterharte, aber mehrjährige Beerenfrucht. Treibt **keine Ausläufer**, wie die winterharte verwandte Lampionblume. Fruchtgeschmack erinnert an Stachelbeeren.

**2 Gelbbunter Gewürzsalbei** ☼ ❄ ⌂
*Salvia officinalis* 'Aurea'

BLÜTEZEIT: Mai – Juli, HÖHE: ca. 50 cm
Heil- und Gewürzpflanze, wegen der gelben Blätter auch 'Goldsalbei' genannt. Extrem hitze- und **trockenverträglich**.

**3 Kissenaster** ☼ ❄
*Aster dumosus* 'Augenweide'

BLÜTEZEIT: Sept. – Okt., HÖHE: ca. 30 cm
Mehrjähriger, **winterharter Herbstblüher**, der sich kissenartig ausbreitet.

**4 Löwenmäulchen** ☼ 📅 ✂
*Antirrhinum majus*

BLÜTEZEIT: Mai – Oktober, HÖHE: ca. 35 cm
**Einjährige Sommerblume.** Für andauernden Flor müssen die verwelkten Blütenstände herausgeschnitten werden.

☼ Sonne  ◐ Halbschatten  ● Schatten  📅 Ein-/Zweijährige  ❄ winterhart

Pflanzen-Porträts

5 Mangold
*Beta vulgaris*

ERNTEZEIT: Juli – Oktober, HÖHE: ca. 40 cm
**Einjährige Gemüsepflanze.** Durch die roten Stiele nicht nur kulinarisch, sondern auch optisch ein Genuss.

6 Prunkwinde
*Ipomoea*-Hybride 'Blue Star'

BLÜTEZEIT: Juni – Sept., HÖHE: ca. 200 cm
Robuster, nicht winterharter Schlinger. Ideal zur **schnellen Begrünung** als Sichtschutz.

7 Rittersporn
*Delphinium elatum* 'Lanzenträger'

BLÜTEZEIT: Juni – Juli/Sept. – Okt., HÖHE: ca. 180 cm
Mehrjährige, winterharte Gartenblume. **Braucht viel Pflege** in Form von Rückschnitt, Schneckenschutz und Düngung.

8 Salat
*Lactuca sativa*

ERNTEZEIT: Mai – Oktober, HÖHE: ca. 30 cm
**Einjährige Gemüsepflanze.** Lässt sich leicht aus Samen ziehen oder als Jungpflanze setzen. Erntezeit abhängig vom Aussaattermin.

Duft    essbar    Schnittblume    giftig    pflegeleicht

# JEDEN TAG EIN VIERTELSTÜNDCHEN

**Das Cottagebeet gehört nicht** unbedingt zu den pflegeleichtesten Ecken im Garten. Die Gemüsepflanzen und die vielen bunten Blumen wollen gedüngt, geschnitten, geerntet und vor allem vor Schnecken geschützt werden. Aber keine Sorge: Auch hier ist die Arbeit überschaubar. Ein Viertelstündchen täglich sollte vollkommen ausreichen, damit Sie alles gut im Griff haben.

## FRÜHJAHR

Sobald der Boden abgetrocknet ist, können Sie mit den Vorbereitungen beginnen und die Beete mit dem Krail auflockern. Die Erde sollte für die nach den Eisheiligen zu pflanzenden Gemüse und Sommerblumen locker und krümelig sein.

**1 Schneckenschutz anbringen:** Einfach, aber genial: Diese profilierten Kunststoffringe hindern Schnecken wirkungsvoll daran, zarte Gemüsepflänzchen an- und abzufressen.

Achten Sie bereits jetzt auf die gefräßigen Nacktschnecken. Der frische Austrieb von **Rittersporn** und **Kissenastern** ist für die schleimigen Plagegeister ein besonderer Leckerbissen. Eine frühlingswarme Nacht reicht aus, dass die Schnecken alle jungen Triebe des Rittersporns bis zum Boden abfressen. Und davon erholt sich die Pflanze nur schwer. Es gibt zwar ein biologisch abbaubares Schneckenkorn, angenehmer und genauso wirkungsvoll sind aber so genannte Schneckenmanschetten (→ Abb. 1). Ähnlich wie bei **Mangold** und **Salat** werden sie um den jungen Austrieb gestülpt. Wenn die Pflanzen erst einmal eine gewisse Größe erreicht haben, wachsen sie den Schnecken gewissermaßen davon. Die Manschetten können daher bald wieder entfernt werden. **Kissenastern** und **Rittersporn** blühen besonders schön, wenn sie regelmäßig mit Kompost versorgt werden. 3 Liter pro $m^2$ reichen völlig aus! Der April ist auch eine gute Zeit, um den **Gelbbunten Gewürzsalbei** kräftig zurückzuschneiden. Dabei können Sie ruhig beherzt zu Werke gehen. Kürzen Sie die letztjährigen Triebe bis ins alte Holz zurück. Der Salbei treibt rasch aus schlafenden Augen wieder aus. Ungeschnitten würden die Polster sehr groß werden und am Ende auseinanderfallen. Düngen Sie den Salbei auf keinen Fall! Je „hungriger" er steht, umso kompakter ist der Wuchs und umso weniger Schnitt ist nötig.

Entfernen Sie bei Ihren Pflegegängen immer auch gleich das auflaufende Unkraut.

## SOMMER

Im Sommer kommen vor allem Gießkanne und Schere zum Einsatz. Bei längerer Trockenheit müssen alle Pflanzen – bis auf den Gelbbunten Gewürzsalbei – durchdringend gegossen werden. Wenn Sie verwelkte Blütenstände von **Ritter-**

# Pflege-Tipps

**2 Starthilfe für Prunkwinden:** Helfen Sie den Prunkwinden beim Aufstieg an der Kletterhilfe und legen Sie die Triebe vorsichtig um die Weidenruten herum. Die heranwachsenden Pflanzen suchen sich ihren Weg nach oben von allein.

**3 Triebe zurückschneiden:** Wenn die Triebe der Prunkwinde in den Himmel wachsen, schneiden Sie sie einfach zurück. Mit dieser Maßnahme werden jetzt die Basistriebe angeregt, kräftiger zu wachsen und zu blühen.

sporn und **Löwenmäulchen** entfernen, regen Sie einen weiteren Flor an. Zu lange Triebe der **Prunkwinde** können Sie ebenfalls abschneiden (→ Abb. 3). Wenn Ihr Boden eher sandig und nährstoffarm ist, sollten Sie die **Prunkwinde** Mitte Juli mit einem schnell wirkenden Dünger versorgen. **Salat** und **Mangold** brauchen in lehmigen und humosen Gartenböden keinen Dünger, in sehr mageren Sandböden empfiehlt sich eine Kompostgabe. Von Juli bis Oktober können laufend Mangold und Salat geerntet werden.

## HERBST

Ernten Sie im September und Oktober regelmäßig **Andenbeeren**. Wenn die zunächst grüne Hülle sich pergamentartig aufhellt und sich leicht abpflücken lässt, ist die Beere reif. Ende Oktober können Sie die Pflanze ausgraben, auf 30 cm zurückschneiden und frostfrei im Haus überwintern. **Löwenmäulchen** und **Prunkwinde** werden spätestens nach dem ersten Frost abgeräumt. Schneiden Sie dann auch **Rittersporn** und **Kissenastern** bis zum Boden zurück.

**4 Stützring anbringen:** Spätestens Anfang Juni sollten Sie der Andenbeere einen Stützring geben. Sie wächst nun kräftig in die Höhe. Ohne eine Stütze würde sie auseinanderfallen.

# HÄUFIGE KRANKHEITEN UND SCHÄDLINGE

**Die gute Nachricht vorweg:** In einem Garten mit großer Artenvielfalt, mit Lebensräumen für nützliche Insekten und Kleintiere haben Schädlinge wenig Chancen. Nektarreiche Blüten locken Schwebfliegen an. Nistkästen bieten Meisen und Co. Raum zur Aufzucht ihrer Brut. Laub- und Holzschnitthaufen in einer Gartenecke dienen Igeln als Winterquartier. Alle diese Tiere revanchieren sich, indem sie jede Menge Läuse und schädliche Larven und Raupen vertilgen.

Auch Krankheiten lassen sich nach dem Vorbild der Natur weitgehend vermeiden: Eine Pflanze, die sich an ihrem Platz im Garten wohlfühlt, bleibt gesund und kann Krankheitserreger erfolgreich abwehren. Und sie fühlt sich wohl, wenn ihre Standortansprüche erfüllt werden: Sonne oder Schatten, Lehm oder Sand, nass oder trocken. Wenn trotz aller Bemühungen doch Schädlinge oder Krankheiten den Blumen zu schaffen machen, gibt es Möglichkeiten, sie zu bekämpfen.

**1 Sternrußtau:** Wichtigste Pilzerkrankung der Rosen. Sie zeigt sich zunächst an gelben Flecken auf den Blättern, die sich zunehmend schwarz verfärben. Die Blätter fallen schließlich ab. Durch die „Entlaubung" wird die Rose geschwächt. Pflanzen Sie Rosen mit ADR-Gütesiegel, die sich durch hervorragende Blattgesundheit auszeichnen. Befallene Blätter sofort entfernen und ab Blattaustrieb regelmäßig Rosen-Pilzmittel spritzen. Beachten Sie die Packungsanweisung genau.

**2 Echter Mehltau:** Auch „Schönwetterpilz" genannt, weil er bei trockenem, warmem Wetter auftritt. Zu erkennen ist Echter Mehltau am weißen, später grauen Belag auf den Blattoberseiten. Befallen werden in erster Linie Rittersporn und Rosen, aber auch andere Blumen, Salat und Gemüse. Eine Bekämpfung mit Pflanzenschutzmitteln sollte vorbeugend erfolgen. Bei erkennbarem Befall ist die Bekämpfung sehr schwierig. Entsorgen Sie kranke Pflanzenteile in der Biotonne!

Häufige Krankheiten und Schädlinge

3 **Nacktschnecken:** Die Fraß- und Schleimspuren der äußerst gefräßigen Schädlinge sind nicht zu übersehen. Besonders gefährdet sind Jungpflanzen von Astern, Dahlien, Funkien, Salat und Rittersporn. Die „Schneckenjagd" beginnt bereits im Frühjahr. Eine Kombination aus mehreren Maßnahmen (→ Seite 107) hat die meiste Aussicht auf Erfolg. Nacktschnecken mögen es am liebsten feucht. Sie sind daher an regnerischen Tagen und nach dem Gießen am Abend besonders häufig im Garten unterwegs.

4 **Blattläuse:** Eingerollte oder gekräuselte Blätter und abgestorbene Triebspitzen deuten auf Blattläuse hin. Die Übeltäter sind schon mit bloßem Auge zu erkennen. Wichtig ist schnelles Handeln. Wenn Sie befallene Pflanzenteile sofort entfernen, lässt sich der Befall meist in Grenzen halten. Natürliche Feinde wie Marienkäfer und Schwebfliegen tun ein Übriges, um die Läuseplage einzudämmen. Mittel auf Rapsöl- oder Kaliseifenbasis sollten Sie möglichst früh einsetzen.

5 **Lilienhähnchen:** Fraßschäden an Blättern von Lilien und anderen Zwiebelblumen stammen von diesem leuchtend roten Käfer und seinen Larven. Bereits im Frühjahr mit Blattaustrieb ist der Käfer aktiv, im Mai erkennt man auf den Blattunterseiten mit Kot bedeckte Larven. Kontrollieren Sie vor allem Ihre Lilien auf Befall und sammeln Sie die Schädlinge ab. Achtung: Der Käfer lässt sich bei Berührung sofort zu Boden fallen. Halten Sie immer ein Gefäß zum Aufsammeln bereit.

*Romantik ist angesagt...*

MIT DUFTENDEN KLETTERROSEN UND GROSSBLUMIGEN CLEMATIS WIRD AUS EINER SCHLICHTEN HOLZWAND EIN ÜPPIG BLÜHENDER HINTERGRUND – DIE KLETTERHILFE MÜSSEN SIE BESORGEN.

**10**

# So blüht die Wand richtig auf

# Rose und Clematis – ein schönes Paar

## Das braucht man dazu:

**PFLANZEN**

a) 8 x Elfenspiegel
*Nemesia*-Hybride

b) 25 x Narzisse
*Narcissus*-Hybride
'Golden Harvest'

c) 3 x Kletterrose, z. B.
*Rosa*-Hybride 'Compassion'
(rosa) und 'Golden Gate' (gelb)

d) 30 x Sternhyazinthe
*Scilla mischtschenkoana*

e) 1 x Waldrebe
*Clematis*-Hybride
'Alba Luxurians'

**ZUBEHÖR**
Baustahlgitter, Spaten, Humus,
Holzbrett, Hammer, Schere,
Fixierband

## KURZINFO

| | |
|---|---|
| Anlage | Mai – Juni, Sept. – Okt. |
| Standort | sonnig bis halbschattig |
| Bodentyp | lehmig-sandig |
| Beetgröße | 4 x 1 m |
| Zeitbedarf | 4–5 Std. |
| Pflegebedarf | anfangs ca. 0,5 Std./Woche |
| Level | ✿ ✿ |

**Kletterpflanzen passen** in jeden Garten. Sie begrünen Lauben und Innenhöfe, schmücken Hauswände und Terrassen, kaschieren hässliche Zäune und Fassaden. Sie bieten Schutz vor unliebsamen Blicken und erfreuen uns mit überwältigender Blütenpracht. Ihr Ausbreitungsdrang beschränkt sich auf die Höhe – in der Breite brauchen sie nur wenig Platz. Hervorragende Pflanzen also auch für kleine Gärten.

Einjährige Kletterpflanzen wie Schwarzäugige Susanne, Jasminblütiger Nachtschatten und Prunkwinde haben Sie bereits kennengelernt (→ Seite 122 ff.). Kletterrose und Clematis sind winterharte, mehrjährige Gehölze, die bei guter Standortwahl und Pflege über Jahre – ja sogar Jahrzehnte – hinweg viel Freude bereiten. Sie verlieren im Herbst die Blätter, überdauern den Winter in Knospen an den Trieben und treiben im Frühjahr wieder frisch aus.

Bestimmt findet sich in Ihrem Garten eine Haus- oder Garagenmauer oder eine unschöne Schuppenwand, die sich mit diesem Traumpaar attraktiv gestalten lässt. Unterpflanzt mit frühjahrsblühenden Zwiebel- und bunten Sommerblumen entsteht auf schmalem Raum ein schönes Beet.

## Auf die Sorte kommt es an

Jede für sich ist schön – zusammen sind sie unschlagbar. Durch geschickte Sortenwahl blüht das Paar über Monate. Die ersten Blüten der Kletterrose öffnen sich Anfang Juni, ab Juli gesellt sich dann die Clematis dazu. Wenn die Rose eine Blühpause einlegt, übernimmt die Clematis die tragende Rolle, bevor die Kletterrose ab September bis zum Frost immer wieder neue Blüten öffnet. Einen über Monate andauernden Flor erreichen Sie mit öfterblühenden Kletterrosen wie den Sorten 'Compassion' oder 'Golden Gate' und sommerblühenden Clematis-Sorten.

Natürlich richtet sich die Sortenauswahl auch nach der Blütenfarbe. Entscheiden Sie da ruhig nach Ihrem persönlichen Geschmack. Beachten Sie jedoch, dass sich vor einer dunklen Wand zarte Pastelltöne besser abheben. Kräftige Farben dagegen kommen vor einer hellen Wand am besten zur Geltung.

Und schließlich sollten Sie bei der Sortenauswahl die neuen Züchtungsergebnisse berücksichtigen. Blattgesunde, robuste Rosen mit dem ADR-Zeichen empfehlen sich genauso wie gegen die Welkekrankheit unempfindliche Clematis.

Besonders empfehlen kann ich die Kletterrosensorten 'Santana' in leuchtendem Rot und die zartrosa 'New Dawn'. Letztere bewährt sich schon seit langer Zeit und gedeiht sowohl in der Sonne als auch im Halbschatten. Auch im Clematis Sortiment gibt es besonders robuste Sorten. Gesund sind vor allem die Wildclematis *Clematis viticella* und ihre Abkömmlinge wie die Sorten 'Royal Velours' oder 'Rubra'.

## Der richtige Standort

Clematis und Kletterrose passen nicht nur optisch gut zusammen, sie sind sich auch in ihren Standortansprüchen einig. Beide mögen einen sonnigen bis halbschattigen Platz. In Regionen mit sehr heißen Sommern sollten sie in der brütenden Mittagshitze im Halbschatten stehen. Ein Klimagebiet mit kühlen, regenreichen Sommern erfordert dagegen einen vollsonnigen Standort, damit die Blätter schnell abtrocknen können. Besonders die Clematis ist heikel. Sie verträgt anhaltende Trockenheit zur Hauptwachstumszeit genauso schlecht wie zu viel Nässe in den kalten Wintermonaten. An Mauern, Haus- oder Schuppenwänden ist der Boden meist stark verdichtet. Auch kommt hier nicht so viel Niederschlag hin wie in anderen Gartenbereichen. Der Boden muss tief gelockert und je nach Bodenart mit feinem Kies oder Bentonit verbessert werden (→ Seite 72). Eine dünne Schicht Humus an der Oberfläche fördert das Anwachsen.

## Die Unterpflanzung

Weder Clematis noch Kletterrosen mögen die Konkurrenz anderer Gartenpflanzen. Zwiebelblumen wie Narzissen und Sternhyazinthen, die nach der Blüte einziehen, werden allerdings genauso geduldet wie schwachwüchsige Sommerblumen (z. B. Elfenspiegel). In den ersten Jahren nach der Pflanzung können Sie die Lücken zwischen den Kletterern mit solchen Blumen auffüllen und für Farbe am Boden sorgen. Später wachsen die Kletterpflanzen dann so dicht zusammen, dass für den Unterwuchs kaum noch Platz bleibt.

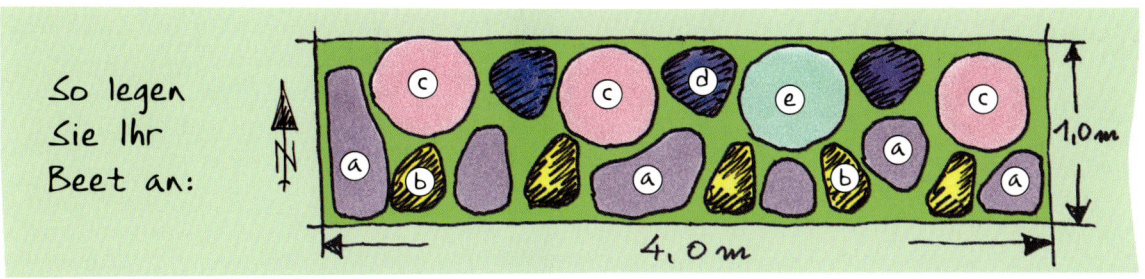

# STARTHILFE ZUM KLETTERN UND RANKEN

**Rosen und Clematis im Topf** können außer bei Frost und brütender Hitze ganzjährig gepflanzt werden. Besonders schnell wurzeln die Gehölze im frühen Herbst oder aber im Mai und Juni ein. Wenn Sie die Pflanzarbeiten im Herbst vornehmen, können Sie im Anschluss an die Klettergehölze gleich die Blumenzwiebeln pflanzen. Die Elfenspiegel kommen im darauffolgenden Mai in den Boden. Andersherum können Sie bei der Frühjahrspflanzung die Sommerblumen gleich zwischen Rose und Clematis pflanzen, die Zwiebelblumen folgen dann erst im Herbst.
Egal, ob Sie Ihre „Wandbegrünungs-Aktion" im Herbst oder Frühjahr starten, sollten Sie wie immer erst Material und Pflanzen besorgen.

## Kletterer brauchen Halt

Anders als Efeu oder Wilder Wein können sich Kletterrosen und Clematis nicht selbst an Wänden oder Mauern festhalten. Sie brauchen eine stabile Kletterhilfe. Der Handel bietet ein umfangreiches Sortiment an Kletterhilfen an. In allen Größen, Farben, Formen und Materialien – und zu den unterschiedlichsten Preisen. Sie können aber auch eine Baustahlmatte verwenden. Die ist konkurrenzlos preiswert, mit ihrem Gitternetz die ideale Kletterhilfe und liegt mit der rostigen Patina voll im Trend.
Im Baumarkt bekommen Sie sehr günstige Reststücke. Bei einer Beetlänge von 4 m wie in unserem Beispiel müssen Sie „stückeln" und mehrere

Teilstücke nebeneinandersetzen. Höher als 2,5 m brauchen die Teilstücke nicht zu sein. „Versenken" Sie das Gitter ca. 15 cm in der Erde, und halten Sie ca. 20 cm Abstand zur Wand. Neigen Sie die Gitter zur Wand hin und befestigen Sie die obersten Felder in regelmäßigen Abständen an der Wand. Fragen Sie im Baumarkt nach den entsprechenden Haken und Dübeln.

## Qualitätsware kaufen

Achten Sie beim Pflanzenkauf darauf, dass bei der Clematis die langen Triebe gut an Bambusstäben befestigt sind. Qualitätsware steht in einem tiefen Topf und ist fest verwurzelt. Die Kletterrose muss in einem großen, tiefen Topf stehen. Die Triebe sollten glatt und grün sein, die Blätter glänzend und ohne Flecken.

Fassen Sie die Clematis beim Transport nach Hause immer nur am Topf an, niemals an den Stäben oder gar an den dünnen Stängeln, Sie brechen sonst leicht Triebe ab. Sollten Sie geknickte oder gerissene Triebe entdecken, dann schneiden Sie sie mit einer scharfen Schere sauber ab.

## Richtig pflanzen

Clematis und Rosen mögen es gerne luftig um die Wurzeln herum. Lockern Sie den Boden und auch die Sohle des Pflanzlochs gründlich mit der Grabegabel auf und verbessern Sie steinigen und harten Boden noch mit Humus. Anders als die meisten Gehölze werden Rosen und Clematis nicht bündig mit der Bodenoberfläche, sondern tief gepflanzt. Bei der Rose kommt die verdickte Veredelungsstelle zwischen Wurzelhals und Trieben ungefähr 10 cm tief in die Erde. So ist sie gegen Frost und Austrocknung geschützt. Pflanzen Sie die Clematis etwa 3 cm tiefer, als sie im Topf stand, dazu noch etwas schräg zur Wand geneigt. So wachsen die Triebe dem Gitter entgegen. Ein Trennbrett zwischen Rose und Clematis sichert jeder Pflanze ihren eigenen Wurzelraum. Bei Frühjahrspflanzung können Sie jetzt die Elfenspiegel in die Erde setzen, im Herbst kommen Narzissen und Sternhyazinthen in den Boden.

**1 Boden lockern:** Stechen Sie die Grabegabel so tief wie möglich in den Boden und bewegen sie mehrmals hin und her. Arbeiten Sie besonders gründlich, damit die Erde auch schön locker wird.

**2 Humus einarbeiten:** Ist der Boden sehr hart, mischen Sie Rindenhumus oder Kompost in die oberste Bodenschicht. 3 Liter pro m² reichen aus.

# 10 SO BLÜHT DIE WAND RICHTIG AUF

**4 Trennbrett einschlagen:** Schlagen Sie auf der Hälfte im Beet zwischen Rose und Clematis ein Brett bündig in den Boden, um die Wurzelbereiche der beiden Pflanzen zu trennen.

**3 Rose pflanzen:** Heben Sie das Pflanzloch aus und setzen die Rose so ein, dass die Veredelungsstelle 10 cm unter der Bodenoberfläche liegt. Ein Meterstab hilft, die richtige Tiefe abzuschätzen. Tauchen Sie die Rose vor dem Pflanzen!

**5 Clematis pflanzen:** Setzen Sie die Pflanze ungefähr 5 cm tiefer als die Bodenoberfläche ein – schräg zur Gitterwand geneigt. Vorsicht: Nicht an den Trieben, immer nur am Topf anfassen!

**6 Triebe fixieren:** Entfernen Sie – immer ganz behutsam natürlich – die Rankstäbe aus der Clematis. Lösen Sie die Triebe vorsichtig voneinander. Fixieren Sie dann die einzelnen Triebe der Clematis am Gitter, indem Sie kurze Stücke Soft-Tie um Gitter und Trieb drehen.

Die richtige Anlage

Soft-Tie ist ein biegsamer, dick mit Kunststoff ummantelter Draht. Er bindet fest, ohne den Pflanzentrieb zu verletzen.

**7 Wurzelballen lockern:** Pflanzen Sie nun die Elfenspiegel ins Wandbeet. Lockern Sie mit einem Messer leicht die äußere Wurzelschicht auf – das regt die Bildung neuer Wurzeln an.

**8 Elfenspiegel pflanzen:** Halten Sie sich beim Pflanzen an den Pflanzplan. Anders als Rose und Clematis werden die Elfenspiegel bündig in die Erde gepflanzt. Drücken Sie die Erde mit dem Handspaten seitlich rundherum leicht an. So bekommt der Ballen Erdschluss. Die neuen Wurzeln können rasch ins Erdreich vordringen.

**9 Pflanzen angießen:** Zum Schluss gießen Sie alle Pflanzen gründlich an. Verabreichen Sie den Klettergehölzen mindestens eine Gießkanne Wasser direkt an den Wurzelbereich, damit die Erde sich gut um die Wurzeln schließt. Gießen Sie langsam und sorgfältig an.

# KLETTERSCHÖNHEITEN MIT FUSSVOLK

**1 Elfenspiegel**
*Nemesia*-Hybride

**BLÜTEZEIT:** Mai – Oktober, **HÖHE:** 30 cm
Besonders robuste, anspruchslose Sommerblume mit herrlich üppigem Blütenflor, der bis weit in den Herbst anhält. Die Pflanze ist noch recht neu im Sommerblumensortiment, bereits jetzt ist aber schon ein **breites Sortenspektrum** im Angebot. Die Palette reicht von Weiß über Gelb, Orange, Rosa und Rot bis zu Violett. Auch mehrfarbige Sorten gibt es bereits. Die Heimat des Elfenspiegels ist Südafrika, dort wächst die Pflanze auf sandigen, durchlässigen Böden. Empfindlich reagiert sie – und auch ihre Zuchtsorten – auf Staunässe. Guter Wasserabzug ist daher die Grundvoraussetzung für eine erfolgreiche Kultur. Der Elfenspiegel eignet sich neben der Beetbepflanzung auch hervorragend für Balkonkästen und Kübel.

**2 Narzisse**
*Narcissus*-Hybride 'Golden Harvest'

**BLÜTEZEIT:** April – Mai, **HÖHE:** ca. 40 cm
Klassische Zwiebelblume, landläufig auch als „Osterglocke" bekannt. Narzissen sind winterhart und mehrjährig. Die Sorte 'Golden Harvest' ist **besonders langlebig**. Im Garten gedeihen Narzissen besonders gut an frühlingsfeuchten Stellen oder im Halbschatten vor Bäumen und Sträuchern. Narzissen ziehen sich – wie alle Zwiebelblumen – nach der Blüte ins Erdreich zurück. Schneiden Sie die welkenden Blätter keinesfalls zu früh zurück. Die Pflanze braucht das Laub auch noch im welkenden Zustand, um genügend Nährstoffe in die Zwiebel einzulagern. Düngen Sie die Narzissen zur Blütezeit mit schnell wirkendem Flüssigdünger. Sie bedanken sich dafür mit jährlich wiederkehrender üppiger Blüte.

Sonne ・ Halbschatten ・ Schatten ・ Ein-/Zweijährige ・ winterhart

Pflanzen-Porträts

### 3 Rose
*Rosa*-Hybride 'Compassion'

BLÜTEZEIT: Juni – Juli/Sept., HÖHE: bis 300 cm
Eine der schönsten Sorten aus dem Kletter-rosen-Sortiment. Die stark gefüllten rosafarbenen Blüten **duften intensiv** wie kaum eine andere Kletterrosen-Sorte. Wenn die verwelkten Blüten des ersten Flors entfernt werden, setzt die Rose im September zum 2. Flor an, der bis zum Frost anhält.

### 4 Sternhyazinthe
*Scilla mischtschenkoana*

BLÜTEZEIT: März – April, HÖHE: ca. 10 cm
**Winzigkleine Zwiebelblume,** die zur Blütezeit große Freude macht. Schon im zeitigen Frühjahr erscheinen die hellen, duftigen Blütentrauben. Die Sternhyazinthe samt sich willig aus, wenn sie sich an ihrem Platz wohlfühlt. Mit den Jahren bedeckt sie immer größere Flächen und wagt sich auch in schattigere Partien unter Bäume und Sträucher vor. Dabei wird sie nie lästig, bedrängt keine anderen Pflanzen und zieht sich nach der Blüte unauffällig ins Erdreich zurück. Lassen Sie diese dankbare Zwiebelblume ganz in Ruhe.

### 5 Waldrebe
*Clematis*-Hybride 'Alba Luxurians'

BLÜTEZEIT: Juli – Sept., HÖHE: 250–300 cm
'Alba Luxurians' ist eine besonders großblumige Sorte. Sie gehört in die Gruppe der sommerblühenden Clematis und zeichnet sich durch **robuste Gesundheit** aus. Schneiden Sie die Clematis jedes Jahr im November auf eine Höhe von 30 cm zurück. Das erhöht die Blütenfülle im Sommer und verhindert, dass die Pflanze von unten her verkahlt. Die Sorte 'Alba Luxurians' eignet sich auch zur Bepflanzung von Trögen und großen Kübeln. Neben den großblumigen Waldreben gibt es übrigens auch reizende Wildformen, die eine Vielzahl kleiner Blüten hervorbringen.

Duft    essbar    Schnittblume    giftig    pflegeleicht

# SO SORGEN SIE FÜR GUTES GEDEIHEN

**Rose und Clematis** sollen zügig durchtreiben, das ist die beste Voraussetzung für gesundes Wachstum. Sie brauchen – vor allem in den ersten beiden Jahren – daher Ihre pflegende Hand.

## FRÜHJAHR

Während die **Clematis** schon im Herbst zurückgeschnitten wird, erhält die **Kletterrose** regelmäßig im Frühjahr einen Verjüngungsschnitt. Studieren Sie entsprechende Fachliteratur (→ Seite 157) oder lassen Sie sich von einem erfahrenen Gärtner den fachgerechten Schnitt zeigen. Entfernen Sie bei der Gelegenheit gleich die alten Blätter, die noch an der Rose hängen. Kletterrosen entwickeln keine Halteorgane und brauchen etwas Nachhilfe, damit sie sich am Gitter festhalten können. Hier erweist sich das Stahlgitter einmal mehr als brauchbar. Stecken Sie die jungen, weichen Triebe einfach durch das Gitter durch – das gibt bereits den nötigen Halt.

Die **Clematis** müssen Sie im Frühjahr besonders gut im Auge behalten. Der junge Austrieb zieht Schnecken magnetisch an. Von den Fraßschäden erholen sich die Waldreben nur schwer und werden so anfällig für Krankheiten. Legen Sie also bereits an den ersten warmen Frühlingstagen Schneckenkorn aus. Machen Sie in den Abendstunden mit der Taschenlampe am besten noch einen Kontrollgang. Die Clematis fängt schnell zu wachsen an und rollt dabei korkenzieherähnliche Sprossteile um die Gitterstäbe. So hält sie sich ohne fremde Hilfe prima fest. Nur ab und an wächst ein Trieb in die falsche Richtung. Hier sollten Sie eingreifen und den Ausreißer an den richtigen Platz bringen. Gehen Sie aber behutsam vor, die Triebe brechen leicht!

Wenn die Clematis austreibt, sind die kleinen, hellblühenden **Sternhyazinthen** schon fast verblüht. Lassen Sie sie in Ruhe einziehen.

**1 Clematis ausputzen:** Neben abgeknickten Trieben sollte bei der Clematis auch regelmäßig abgestorbenes Laub – besonders in den ersten Jahren – entfernt werden. Mit dieser Maßnahme verhindern Sie, dass sich Pilzkrankheiten ansiedeln.

Die hohe **Narzisse** ist für eine Düngergabe zur Blütezeit dankbar. Mischen Sie nach Packungsanleitung etwas Flüssigdünger in eine Gießkanne und düngen Sie damit die blühenden Zwiebeln. Wiederholen Sie diesen Vorgang noch ein- oder zweimal. Die welkenden Blätter bitte nicht gleich entfernen – auch wenn es nicht so schön aussieht. Die Zwiebelblumen brauchen sie noch eine Zeit lang, um mit ihrer Hilfe Nährstoffe für das kommende Jahr einzulagern.

## SOMMER

In der Anwachsphase der Gehölze müssen Sie auf jeden Fall gießen, wenn es länger nicht ergiebig geregnet hat. Zumal in der Regel weniger Regenwasser bis an die Wand kommt. Nehmen Sie sich einmal in der Woche Zeit und leeren Sie mindestens eine Gießkanne an jedes Gehölz. Gießen Sie

Pflege-Tipps

**2 Sternrußtau entfernen:** Kontrollieren Sie die Rose regelmäßig auf Befall mit Sternrußtau. Auf den Blättern erscheinen schwarze Flecken, das ganze Blatt wird gelb. Wehren Sie den Anfängen!

**3 Sommerschnitt an Rosen:** Öfterblühende Rosen werden nach der ersten Blüte zurückgeschnitten, damit die Kraft nicht in die Fruchtbildung, sondern in die zweite Blüte geht. Kürzen Sie die Blütentriebe um ca. 20 cm.

immer nur in den Wurzelbereich, nie auf die Blätter, das fördert vor allem an Rosen Pilzinfektionen wie Sternrußtau. Schneiden Sie befallene Blätter regelmäßig weg (→ Abb. 2). Nach 3–4 Jahren sind **Kletterrosen** und **Clematis** mit ihren Wurzeln bereits tief im Erdreich und können sich dort selbst mit Wasser versorgen. Eine dünne Mulchschicht aus Stroh- oder Grasschnitt hält die Feuchtigkeit im Boden.
Ab Mitte Juli schneiden Sie die verwelkten Blüten an den Rosen ab (→ Abb. 3), um einen guten Nachflor anzuregen.

## HERBST

Schneiden Sie die **Clematis** Ende November bis auf 30 cm über dem Boden zurück (→ Abb. 4). Achtung: Diese Schnittmaßnahme gilt nur für die Waldreben-Sorten, die ab Juli blühen!
Säubern Sie das Beet vor dem Winter noch einmal von heruntergefallenen Blättern.

## WINTER

Im Winter fallen bei dieser Pflanzung keine Pflegemaßnahmen an. Alle Pflanzen sind frosthart und brauchen keinen Winterschutz.

**4 Clematis zurückschneiden:** Schneiden Sie die Clematis bereits im Pflanzjahr im November auf 20–30 cm über dem Boden ab. Das regt einen kräftigen Neuaustrieb im kommenden Jahr an.

# DIE KLETTERHORTENSIE – ATTRAKTIVE WANDBEGRÜNUNG

**KURZINFO**

| | |
|---|---|
| Anlage | März – Juni, Sept. – Nov. |
| Standort | halbschattig bis schattig |
| Bodentyp | humos |
| Beetgröße | 4 x 1 m |
| Zeitbedarf | 3–4 Stunden |
| Pflegebedarf | ca. 5 Std. im Jahr |
| Level | ❋ ❋ |

**Die Kletterhortensie ist** sicherlich eine der attraktivsten mehrjährigen Kletterpflanzen, die uns für die Wandbegrünung zur Verfügung stehen. Zuallererst natürlich zur Blütezeit im Juni und Juli, wenn die großen weißen Dolden in voller Pracht erblüht sind. Ein leichter Duft streicht durch die Luft, schon von Weitem ist das Gebrumm der vielen Bienen zu hören, die die Kletterhortensie auf der Suche nach Nektar anfliegen. Die Randblüten verfärben sich nach der Blüte bräunlich, bleiben aber an den Trieben haften und schmücken die Wand noch weit in den Winter hinein. Aber nicht nur die Blüte macht diese Pflanze so attraktiv. Auch Laub und Zweige ziehen immer wieder die Blicke auf sich. So färben sich im Herbst die Blätter satt gelb; nach dem Laubfall tritt die rotbraune, interessant gefärbte Rinde zum Vorschein. Aus den dicken, cremeweißen Knospen brechen im zeitigen Frühjahr die glänzend smaragdgrünen jungen Blättchen hervor. Während die meisten blühenden Rankpflanzen Sonnenkinder sind und eine Süd- oder Westwand bevorzugen, gedeiht die Kletterhortensie am besten im Halbschatten. Sie eignet sich daher gut zur Begrünung von Ost- oder Nordwänden. Hier ist die Luft kühl, der Boden meist ausreichend feucht. Alles Bedingungen, unter denen sich die Hortensie so richtig wohl fühlt. Besonders gerne hat sie humose, leicht saure Erde, gedeiht aber willig in jedem Gartenboden, sofern er nicht zu kalkhaltig ist. Wenn Ihr Boden viel Kalk enthält, sollten Sie besser auf Hortensien verzichten, sie fühlen sich hier nicht wohl, und eine Absauerung der Erde ist viel zu aufwändig.

Die Kletterhortensie bildet wie Efeu und Wilder Wein an den Trieben Haftwurzeln aus, mit denen sie sich an der Wand festhalten kann. Trotzdem sollten Sie ihr eine Rankhilfe geben. Spannen Sie dazu im Abstand von 50 cm waagerechte Drähte an die Hauswand. Die Pflanzen erreichen im Laufe der Jahre doch ein erstaunliches Gewicht und sollten durch die Drähte zusätzlich abgesichert werden. In den ersten Jahren wächst die Kletterhortensie recht langsam, auch mit der Blüte lässt sie sich durchaus Zeit. Einmal eingewachsen aber legt sie ein flottes Tempo vor und kann ohne Mühe eine Höhe von 8–10 m erreichen. So erreicht sie als ausgewachsene Pflanze irgendwann das Dach. Es ist nicht auszuschließen, dass einige Triebe sich zwischen die Ziegelfugen zwängen. Ich empfehle daher, die Höhe durch Schnittmaßnahmen auf 3–4 m zu begrenzen. Diese Höhe erreichen Sie bequem mit der Leiter, so dass Sie Ihre Hortensie gut im Zaum halten können.

## Von der Wand in den Mund

Einige Kletterpflanzen bieten sogar zusätzlichen Genuss in Form leckerer Früchte. Warum nicht eine Kiwi an die Wand pflanzen? Anders als die großfruchtige echte Kiwi ist die Kleinfruchtige Kiwi (*Actinidia arguta*) bei uns frosthart und reift an einer sonnigen, geschützten Hauswand auch in ungünstigeren Lagen gut aus. Aus cremeweißen, duftenden Blüten entwickeln sich stachelbeergroße, glattschalige Früchte, die – anders als die großen Kiwis – ungeschält genossen werden können. Kiwis brauchen ein stabiles Gerüst. Am besten spannen Sie vier Drähte waagerecht an die Hauswand. Der erste befindet sich auf 1 m Höhe, der zweite auf 1,50 m und der dritte auf 2 m Höhe. An diesen Drähten werden die Triebe der Kiwipflanze entlanggezogen und festgebunden. Schneiden Sie die langen einjährigen Triebe im Juni auf kurze Stummel (ca. 5 cm) zurück. Wenn Sie die Pflanzen in der Baumschule kaufen, verlangen Sie je ein männliches und ein weibliches Exemplar. Nur so ist ein reicher Fruchtansatz garantiert, auch bei selbstbefruchtenden Sorten wie 'Issai'. Besonders empfehlenswert ist die frostharte Sorte 'Weiki'.

## Pflege für die Kletterer

Kletterhortensien sind denkbar pflegeleicht. Am zusagenden Standort wachsen und blühen sie von alleine. Besonders lange Triebe können Sie aber kräftig zurückschneiden, um eine gute Verzweigung zu fördern. Die Kleinfruchtige Kiwi ist etwas anspruchsvoller in der Pflege. Da der frühe Austrieb durch Spätfröste gefährdet ist, sollte der Fuß der Kiwipflanze vorsorglich durch Tannenwedel schattiert werden. Für einen reichen Fruchtansatz werden die weiblichen Kiwipflanzen regelmäßig zurück geschnitten. Informieren Sie sich über den Schnitt in der Fachliteratur (→ Seite 157) oder bei einem Obstbau-Experten.

**Etwa drei Jahre** nach der Pflanzung reifen die ersten Früchte der Kleinfruchtigen Kiwi an der Wand. Die leckeren, vitaminreichen Früchte lassen sich an einem kühlen Ort bis zu vier Wochen lagern.

# BLÜHKALENDER

## WEISSE BLÜTEN

| Blütezeit | Deutscher Pflanzenname | Porträt |
|---|---|---|
| Januar – März | Schneeglöckchen | S. 51 |
| März – April | Sternhyazinthe | S. 145 |
| März – Juli | Tausendschön | S. 47 |
| April – Mai | Waldmeister | S. 89 |
| Mai – Oktober | Hänge-Geranie | S. 33 |
| Juni – Juli | Dreiblattspiere | S. 88 |
| Juni – Juli | Kletterhortensie | S. 149 |
| Juni – Juli | Wald-Geißbart | S. 89 |
| Juni – September | Jasminblütiger Nachtschatten | S. 37 |
| Juni – Oktober | Rose 'Aspirin' | S. 65 |
| Juni – Oktober | Schmuckkörbchen | S. 61 |
| Juli – September | Kandelaber-Ehrenpreis | S. 76 |
| Juli – September | Waldrebe | S. 145 |

## GELBE BLÜTEN

| Blütezeit | Deutscher Pflanzenname | Porträt |
|---|---|---|
| Dezember – März | Zaubernuss | S. 51 |
| Februar | Winterling | S. 51 |
| Februar – März | Krokus | S. 117 |
| März – April | Forsythie | S. 46 |
| März – April | Narzisse 'Jet Fire' | S. 46 |
| April – Mai | Goldwolfsmilch | S. 116 |
| April – Mai | Narzisse 'Golden Harvest' | S. 144 |
| Juni | Kahler Frauenmantel | S. 21 |
| Juni – Juli | Weicher Frauenmantel | S. 65 |
| Juni – Oktober | Gummibärchenpflanze | S. 104 |
| Juni – Oktober | Kapuzinerkresse | S. 105 |
| Juni – Oktober | Rose 'Aprikola' | S. 61 |
| Juni – Oktober | Schwarzäugige Susanne | S. 37 |
| Juli | Lilie | S. 33 |
| Juli – August | Fenchel | S. 104 |
| Juli – Oktober | Ringelblume | S. 105 |
| August | Sonnenblume | S. 37 |
| August – Sept. | Fallschirm-Sonnenhut | S. 37 |
| August – Sept. | Sonnenbraut | S. 61 |

## ROTE BLÜTEN

| Blütezeit | Deutscher Pflanzenname | Porträt |
|---|---|---|
| April – Mai | Tulpe | S. 47 |
| Mai – Juni | Blutstorchschnabel | S. 16 |
| Mai – Juni | Japanische Azalee | S. 17 |
| Mai – Juni | Lupine | S. 60 |
| Mai – Oktober | Begonie | S. 32 |
| Mai – Oktober | Fuchsie | S. 16 |
| Mai – Oktober | Mohnblume | S. 105 |
| Juni – Oktober | Dahlie | S. 32 |
| Juni – Oktober | Zinnie | S. 61 |
| Juli – September | Purpurdost | S. 81 |

Blühkalender

## ROSA/VIOLETTE BLÜTEN

| Blütezeit | Deutscher Pflanzenname | Porträt |
|---|---|---|
| November – April | Winterschneeball | S. 17 |
| Mai | Rhododendron | S. 93 |
| Mai – Juli | Herzblume | S. 21 |
| Mai – Oktober | Elfenspiegel | S. 144 |
| Mai – Oktober | Fleißiges Lieschen | S. 16 |
| Mai – Oktober | Löwenmäulchen | S. 130 |
| Juni – Juli | Schlangenknöterich | S. 93 |
| Juni – Juli | Weigelie | S. 93 |
| Juni – Juli/Sept. | Rose 'Compassion' | S. 145 |
| Juni – August | Indianernessel | S. 76 |
| Juni – August | Staudenphlox | S. 77 |
| Juli – August | Funkie | S. 88 |
| Juli – August | Prachtscharte | S. 76 |
| Juli – September | Purpursonnenhut | S. 77 |
| Juli – Oktober | Malve | S. 105 |
| Juli – Oktober | Prachtkerze | S. 117 |
| Juli – Oktober | Steinquendel | S. 117 |
| Sept. – Okt. | Hohe Fetthenne | S. 116 |

## BLAUE BLÜTEN

| Blütezeit | Deutscher Pflanzenname | Porträt |
|---|---|---|
| März – April | Balkananemone | S. 88 |
| April – Juni | Vergissmeinnicht | S. 47 |
| Mai | Präriekerze | S. 77 |
| Mai – Juni | Bartiris | S. 60 |
| Mai – Juni/Okt. | Steppensalbei 'Mainacht' | S. 65 |
| Mai – Oktober | Angelonie | S. 32 |
| Mai – Oktober | Fächerblume | S. 32 |
| Mai – Oktober | Männertreu | S. 17 |
| Mai – Oktober | Steppensalbei 'Caradonna' | S. 117 |
| Juni – Juli/Sept. | Feinstrahlaster | S. 60 |
| Juni – Juli/Sept. | Rittersporn 'Augenweide' | S. 65 |
| Juni – Juli/Sept. | Rittersporn 'Lanzenträger' | S. 131 |
| Juni – September | Prunkwinde | S. 131 |
| Juni – Oktober | Flockenblume | S. 104 |
| Juni – Oktober | Mehliger Salbei | S. 60 |
| Juni – Oktober | Storchschnabel 'Jolly Bee' | S. 93 |
| Juli – September | Duftnessel | S. 116 |
| Sept. – Okt. | Glattblattaster | S. 81 |
| Sept. – Okt. | Kissenaster | S. 130 |

## BRAUNE BLÜTEN

| Blütezeit | Deutscher Pflanzenname | Porträt |
|---|---|---|
| März – April | Japansegge | S. 89 |
| Juli – August | Blaustrahlhafer | S. 116 |
| ab August | Chinaschilf | S. 81 |
| ab September | Diamantgras | S. 81 |

# REGISTER

**Halbfett** gesetzte Seitenzahlen verweisen auf Abbildungen.

## A

*Acer palmatum* 'Atropurpureum' 88, **88**
*Actinidia arguta* 149, **149**
ADR-Gütesiegel 55
*Aegopodium podagraria* 95, **95**
*Agastache foeniculum* 'Blue Fortune' 116, **116**
*Agropyron repens* 95, **95**
*Alchemilla epipsila* 21, **21**
– *mollis* 65, **65**
Andenbeere 130, **130**
*Anemone blanda* 'Blue shades' 88, **88**
*Angelonia gardneri* 32, **32**
Angelonie 32, **32**
*Antirrhinum majus* 130, **130**
*Aruncus dioicus* 89, **89**
*Aster dumosus* 'Augenweide' 130, **130**
*Aster novi-belgii* 'Dauerblau' 81, **81**
Azalee, Japanische 17, **17**

## B

Balkananemone 88, **88**
Bartiris 60, **60**
Bäume unterpflanzen 86, 87, **87**
Beet anlegen 73, **73**, 74, **74**, 75, **75**
*Begonia boliviensis* 'Bonfire' 32, **32**
Begonie 32, **32**
*Bellis*-Hybride 47, **47**
*Beta vulgaris* 131, **131**
*Bistorta amplexicaule* 'Superbum' 93, **93**
Blattläuse 135, **135**
Blaustrahlhafer 116, **116**
– teilen 119, **119**

Blumenzwiebeln einlagern 48, **48**, 49, **49**
– einsetzen 44, 45, **45**
Blutstorchschnabel 16, **16**
Bodenarten erkennen 66, 67
Buchsbaum 21, **21**
*Buxus sempervirens* 21, **21**

## C

*Calamagrostis brachytricha* 81, **81**
*Calamintha nepeta* ssp. *nepeta* 117, **117**
*Calendula officinalis* 105, **105**
*Camassia leichtlinii* 'Caerulea' 77, **77**
*Carex morrowii* 'Variegata' 89, **89**
*Centaurea cyanus* 104, **104**
*Cephalophora aromatica* 104, **104**
Chinaschilf 81, **81**
Clematis pflanzen 142, **142**
– zurückschneiden 147, **147**
*Clematis*-Hybride 'Alba Luxurians' 145, **145**
*Cosmea bipinnatus* 61, **61**
*Crocus ancyriensis* 117, **117**

## D

*Dahlia*-Hybride 32, **32**
Dahlie 32, **32**
Dahlienknollen einsetzen 30, **30**, 31, **31**
*Delphinium elatum* 'Augenweide' 65, **65**
– 'Lanzenträger' 131, **131**
Diamantgras 81, **81**
*Dicentra eximia* 21, **21**
Distel 95, **95**
Dreiblattspiere 88, **88**
*Dryopteris filix-mas* 21, **21**
Duftnessel 116, **116**

Dünger abmessen 35, **35**
– ausbringen 49, **49**

## E

*Echinacea purpurea* 77, **77**
Echter Mehltau 134, **134**
Ehrenpreis, Kandelaber- 76, **76**
Eimer 22, **22**
Einjähriges Rispengras 94, **94**
Elfenspiegel 144, **144**
*Eranthis hyemalis* 51, **51**
*Erigeron*-Hybride 'Dunkelste Aller' 60, **60**
*Eupatorium fistulosum* 'Atropurpureum' 81, **81**
*Euphorbia polychroma* 116, **116**

## F

Fächerahorn 88, **88**
Fächerblume 32, **32**
Fallschirm-Sonnenhut 37, **37**
Feinstrahlaster 60, **60**
Fenchel 104, **104**
Fetthenne, Hohe 116, **116**
Fleißiges Lieschen 16, **16**
Flockenblume 104, **104**
*Foeniculum vulgare* 104, **104**
*Forsythia intermedia* 'Weekend' 46, **46**
Forsythie 46, **46**
Frauenmantel, Kahler 21, **21**
–, Weicher 65, **65**
*Fuchsia*-Hybride 16, **16**
Fuchsie 16, **16**
Funkie 88, **88**

## G

*Galium odoratum* 89, **89**
Gartenblumen vermehren 120, 121
Gartengeräte 22
Gartenschere 22, **22**

*Gaura lindheimeri* 'Siskyou Pink' 117, **117**
Geißbart, Wald- 89, **89**
Gelbbunter Gewürzsalbei 130, **130**
Gemeine Quecke 95, **95**
*Geranium*-Hybride 'Jolly Bee' 93, **93**
– *sanguineum* 'Max Frei' 16, **16**
Gewürzsalbei, Gelbbunter 130, **130**
Giersch 95, **95**
*Gillenia trifoliata* 88, **88**
Glattblattaster 81, **81**
Goldsalbei 130, **130**
Goldglöckchen 46, **46**
Goldwolfsmilch 116, **116**
Grabegabel 22, **22**
Grasnarbe entfernen 74, **74**
Gummibärchenpflanze 104, **104**

## H

Hacke 22, **22**
*Hamamelis intermedia* 51, **51**
Handspaten 22, **22**
Hänge-Geranie 33, **33**
Heckenschere 22, **22**
*Helenium*-Hybride 'Kanaria' 61, **61**
*Helianthus annuus* 37, **37**
*Helictotrichon sempervirens* 116, **116**
Herzblume 21, **21**
Hochstammrose pflanzen 57, **57**, 58, **58**, 59, **59**
Hohe Fetthenne 116, **116**
*Hosta*-Hybride 'Frances Williams' 88, **88**
humuser Boden 67, **67**
Humus einarbeiten 45, **45**

## I

*Impatiens walleriana* 16, **16**
Indianernessel 76, **76**
*Ipomoea*-Hybride 33, **33**
– 'Blue Star' 131, **131**
*Iris barbata elatior* 60, **60**
Iris teilen 120, **120**

## REGISTER

### J

Japanische Azalee 17, **17**
Japansegge 89, **89**
Jasminblütiger Nachtschatten 37, **37**

### K

Kahler Frauenmantel 21, **21**
Kandelaber-Ehrenpreis 76, **76**
Kapuzinerkresse 105, **105**
Kästen bepflanzen 28, **28**, 29, **29**, 30, **30**
Kiesbeet anlegen 113, **113**, 114, **114**, 115, **115**
Kissenaster 130, **130**
Kiwi, Kleinfruchtige 149, **149**
Klatschmohn 105, **105**
Kleinfruchtige Kiwi 149, **149**
Kletterhilfen 140
Kletterhortensie 148, **148**
Kornblume 104, **104**
Krail 22, **22**
Krankheiten, häufige 134
Krokus 117, **117**

### L

*Lactuca sativa* 131, **131**
Lavendel 111
Lehmboden 67, **67**
*Liatris spicata* 76, **76**
Lilie 33, **33**
Lilien einpflanzen 31, **31**
Lilienhähnchen 135, **135**
*Lilium*-Hybride 33, **33**
*Lobelia erinus* 17, **17**
Löwenmäulchen 130, **130**
Löwenzahn 94, **94**
Lupine 60, **60**
*Lupinus podophyllus* 'Mein Schloss' 60, **60**

### M

*Malva sylvestris* 105, **105**
Malve 105, **105**
Mangold 131, **131**
Männertreu 17, **17**
Mehliger Salbei 60, **60**
Mehltau, Echter 134, **134**
*Miscanthus sinensis* 'Graziella' 81, **81**
Mohnblume 105, **105**
*Monarda*-Hybride 'Prärienacht' 76, **76**
mulchen 91, **91**
*Myosotis sylvatica* 47, **47**

### N

Nachtschatten, Jasminblütiger 37, **37**
Nacktschnecken 135, **135**
*Narcissus*-Hybride 'Golden Harvest' 144, **144**
– 'Jet Fire' 46, **46**
Narzisse 46, **46**, 144, **144**
*Nemesia*-Hybride 144, **144**

### O

*Onoclea sensibilis* 89, **89**
Osterglocke 144, **144**

### P

*Papaver rhoeas* 105, **105**
*Pelargonium peltatum* 33, **33**
Perlfarn 89, **89**
Pfauenradfarn 51, **51**
pflanzen 38, **38**, 39, **39**
pH-Wert-Messung 66, **66**
*Phlox paniculata* 'Düsterlohe' 77, **77**
*Physalis peruviana* 130, **130**
*Poa annua* 94, **94**
Prachtkerze 117, **117**
Prachtscharte 76, **76**

# Register

Präriekerze 77, **77**
Prunkwinde 131, **131**
Prunkwinden anziehen 126, 127, **127**, 128, **128**
Purpurdost 81, **81**
Purpursonnenhut 77, **77**

## Q

Qualitätssamen 99
Qualitätsstandard von Rosen 55
Quecke, Gemeine 95, **95**

## R

Rasenkante einschlagen 74, **74**
Rechen 22, **22**
Rhododendron 93, **93**
*Rhododendron* 'Catawbiense Boursault' 93, **93**
*Rhododendron obtusum* 'Maruschka' 17, **17**
Ringelblume 105, **105**
Rispengras, Einjähriges 94, **94**
Rittersporn 65, **65**, 131, **131**
*Rosa* 'Aspirin' 65, **65**
*Rosa*-Hybride 'Aprikola' 61, **61**
– 'Compassion' 145, **145**
*Rudbeckia nitida* 37, **37**

## S

Saatgut, Qualität 99
Salat 131, **131**
Salbei, Mehliger 60, **60**
*Salvia farinacea* 60, **60**
*Salvia nemorosa* 'Caradonna' 117, **117**
– 'Mainacht' 65, **65**
*Salvia officinalis* 'Aurea' 130, **130**
Samenunkräuter 94
– vermeiden 99, 101, **101**
sandiger Boden 67, **67**
*Scaevola aemula* 32, **32**

Schädlinge, häufige 135
Schaufel 22, **22**
Schlämmprobe 66, **66**
Schlangenknöterich 93, **93**
Schmuckkörbchen 61, **61**
Schneckenkorn streuen 91, **91**
Schneckenschutz anbringen 132, **132**
Schneeglöckchen 51, **51**
Schwarzäugige Susanne 37, **37**
*Scilla mischtschenkoana* 145, **145**
*Sedum telephium* 'Herbstfreude' 116, **116**
Soft-Tie 143, **143**
*Solanum jasminoides* 37, **37**
– *lycopersicum* 'Picolino' 33, **33**
Sommerblumen aussäen 102, **102**
Sommerblumenbeet pflegen 106, 107
Sommerschnitt an Rosen 147, **147**
*Sonchus oleraceus* 95, **95**
Sonnenblume 37, **37**
Sonnenbraut 61, **61**
Sonnenhut, Fallschirm- 37, **37**
Spaten 22, **22**
Stahlkante einbauen 114, **114**
Stauden stützen 79, **79**
– zurückschneiden 79, **79**
Staudenphlox 77, **77**
Staunässe verhindern 43
Stecklinge schneiden 121, **121**
Steinquendel 117, **117**
Steppensalbei 65, **65**, 117, **117**
Sternhyazinthe 145, **145**
Sternrußtau 134, **134**
Storchschnabel 93, **93**
Strauch pflanzen 13, **13**, 14, **14**
Süßkartoffel 33, **33**

## T

*Taraxacum officinale* 94, **94**
Tausendschön 47, **47**
*Thunbergia alata* 37, **37**
Tomate 33, **33**
Tomaten entgeizen 34, **34**

Trennbrett einschlagen 142, **142**
Trittsteine verlegen 75, **75**
*Tropaeolum minus* 105, **105**
*Tulipa*-Hybride 47, **47**
Tulpe 47, **47**

### U

Unkräuter, häufige 94, 95

### V

Verblühtes ausschneiden 34, **34**
Vergissmeinnicht 47, **47**
*Veronicastrum virginicum* 'Album' 76, **76**
*Viburnum bodnantense* 'Dawn' 17, **17**

### W

Waldgeißbart 89, **89**
Waldmeister 89, **89**
Waldrebe 145, **145**
Weicher Frauenmantel 65, **65**
Weidentipi bauen 126, 128, **128**, 129, **129**
*Weigela florida* 93, **93**
Weigelie 93, **93**
Werkzeug 22
Wildtriebe ausbrechen 63, **63**
Winterling 51, **51**
Winterschneeball 17, **17**
Winterschutz, Rosenhochstamm 62, **62**
Wurmfarn 21, **21**
Wurzelunkräuter 94

### Z

Zaubernuss 51, **51**
*Zinnia elegans* 61, **61**
Zinnie 61, **61**

# ADRESSEN

## Baumschulen

Adressen von Baumschulen in Ihrer Nähe erfahren Sie über:
**Bund Deutscher Baumschulen**
Bismarckstraße 49
25421 Pinneberg
www.bund-deutscher-baumschulen.de

## Staudengärtnereien mit Online-Versand

**Staudengärtnerei Dieter Gaissmayer**
Jungviehweide 3
89257 Illertissen
www.gaissmayer.de

**Staudenkulturen Stade**
Beckenstrang 24
46325 Borken-Marbeck
www.stauden-stade.de

## Rosen und Clematis

**Kordes Rosen**
www.kordes-rosen.com

**RosenWelt Tantau**
www.rosen-tantau.com

**Westphal Clematis**
www.clematis-westphal.de

## Blumenzwiebeln mit Online-Versand

**Albrecht Hoch**
Potsdamer Str. 40
14163 Berlin
www.albrechthoch.de

# LITERATUR

**Bernd Schober**
Stätzlinger Str. 94a
86165 Augsburg
www.der-blumenzwiebelversand.de

## Blumensamen
**Fa. Kiepenkerl**
www.kiepenkerl.de

**Fa. Sperli**
www.sperli.de

## Zubehör
**Cottage Garden Marktheidenfeld**
www.cottage-garden.info

**Gartenbedarf-Versand Richard Ward**
www.gartenbedarf-versand.de

**re-natur Weidenruten**
www.re-natur.de

## Bodenuntersuchung
**VDLUFA – Verband Deutscher Landwirtschaftlicher Untersuchungs- und Forschungsanstalten e.V.**
c/o LUFA Speyer
Obere Langgasse 40
67346 Speyer
www.vdlufa.de

Fleuchaus, E.: **Gartenblumen pflegen.**
Gräfe und Unzer Verlag, München

Fleuchaus, E.: **Quickfinder Was wächst wo?**
Gräfe und Unzer Verlag, München

Gröne, H./Kaiser, K.: **Immerblühende Beete.**
Gräfe und Unzer Verlag, München

Haas, H. J.: **Ziergehölze schneiden.**
Gräfe und Unzer Verlag, München

Haas, H. J.: **Obstgehölze schneiden.**
Gräfe und Unzer Verlag, München

Hensel, W./Jany, Ch./Kluth, S./Mayer, J./Späth, M.: **Das große GU Praxishandbuch Garten.**
Gräfe und Unzer Verlag, München

Kiermeier, P./Hertle, B./Nickig, M.: **Das große GU Praxishandbuch Gartenblumen.**
Gräfe und Unzer Verlag, München

Orel, Ch./Nickig, M.: **Der neue Blumen- und Staudengarten.** Ulmer Verlag, Stuttgart

Willery, D.: **Stauden von A–Z.** Ulmer Verlag, Stuttgart

Willery, D.: **Ziersträucher von A–Z.** Ulmer Verlag, Stuttgart

## AUTORIN

Die gelernte Staudengärtnerin und Gartenbauarchitektin *Elisabeth Fleuchaus* sammelte zunächst im Botanischen Garten Hamburg berufliche Erfahrungen. Anschließend war sie viele Jahre im Garten- und Landschaftsbau tätig. Heute arbeitet sie selbstständig als Gartenplanerin und Gartencoach: Sie berät Hobbygärtner und setzt gemeinsam mit ihnen ihre Wünsche in die Tat um. Bei GU sind von ihr bereits die Ratgeber **Gartenblumen pflegen** und **Quickfinder Was wächst wo?** erschienen.

## HINWEISE

- Einige der hier beschriebenen Pflanzen sind giftig oder hautreizend. Sie dürfen nicht verzehrt werden.
- Bewahren Sie Dünge- und Pflanzenschutzmittel für Kinder und Haustiere unerreichbar auf.
- Suchen Sie bei Verletzungen umgehend einen Arzt auf. Eventuell ist eine Impfung gegen Tetanus erforderlich.

## DANK

Verlag, Autorin und die Fotografin Eva Wunderlich danken den Gartenbesitzern, Modells und Firmen für die freundliche Unterstützung bei der Fotoproduktion:

Fa. Blickpunkt Garten, Harald Limmer KG, München
Anouk Cochet, Urspringen
Cottage Garden, Helga Däumler, Marktheidenfeld
Matthias Däumler, Marktheidenfeld
Rainer Fleuchaus, Marktheidenfeld
Susanne Fleuchaus, Bamberg
Michaela und Lena Frank, Marktheidenfeld
Fam. Harmeier, Gröbenzell
Fam. Kraus, Hafenlohr
Anna Müller-Scholden, Marktheidenfeld
Cornelia Nunn, Olching
Fa. Pflanze und Garten, Marktheidenfeld
Peter Reidelshöfer, Marktheidenfeld
Fam. Rempt, Wertheim
Stadt Marktheidenfeld
Susanne und Andreas Stangl, Hafenlohr
Gartenbedarf-Versand Richard Ward, Markt Rettenbach
Baumschule Weiglein, Geesdorf (www.pflanzen-weiglein.de)
Fam. Willer, Marktheidenfeld
Fam. Wunderlich, Selb
Uli Wunderlich, München

# Gartenlust pur

## GU Pflanzenratgeber – So macht Gärtnern richtig Spaß

ISBN 978-3-8338-0245-4
176 Seiten | € 16,90 [D]

ISBN 978-3-8338-0704-6
288 Seiten | € 24,90 [D]

**Das macht sie so besonders:**
**Kompetent** – Alles, was Gärtner wissen müssen
**Praxisnah** – Profis zeigen, wie man's richtig macht
**Inspirierend** – So werden Gartenträume wahr

Willkommen im Leben.

*Änderungen und Irrtum vorbehalten.*

# IMPRESSUM

## BILDNACHWEIS

Alle Bilder von **Eva Wunderlich** mit Ausnahme von:

**Josef Bieker:** 60-2, 61-1, 61-4, 65-1, 131-4;
**Elke Borkowski:** 20, 68, 81-1, 88-4, 148;
**Hans Döring:** Cover;
**GAP:** 2-3, 6, 7, 17-1, 17-2, 21-2, 21-3, 21-4, 46-2, 50, 51-1, 51-4, 64, 76-2, 76-3, 77-1, 80, 81-2, 82, 88-2, 88-3, 89-2, 89-4, 92, 93-1, 93-2, 93-4, 95-3, 104-1, 116-2, 116-3, 117-1, 117-3, 136, 144-2, 145-1, 145-2;
**Garden Collection:** 52;
**Heidi Janicek:** 4, 11, 20-1, 27, 36-1, 43, 50-1, 55, 64-1, 71, 80-1, 85, 92-1, 111, 125, 139;
**Barbara Kobler:** 4unt.;
**Daniela Laußer:** 116-4;
**Manfred Pforr:** 135-3;
**Wolfgang Redeleit:** 66-1, 94-1, 95-1, 95-2;
**Ulrike Romeis:** 37-3, 47-1, 47-2, 47-3, 60-1, 60-4, 61-3, 77-2, 81-3, 88-1, 105-1, 131-1;
**Guido Sachse:** 134-1, 134-2, 135-1, 135-2, 135;
**Michael Schulze:** 16-2, 17-3, 21-1, 32-4, 37-2, 46-1, 51-2, 51-3, 60-3, 61-2, 76-1, 77-3, 81-4, 89-1, 89-3, 105-2, 105-4, 116-1, 117-4, 130-1, 130-3, 131-3, 145-3;
**Friedrich Strauß:** 40, 65-2, 65-3, 65-4, 149, U4-2.

Illustrationen von Heidi Janiček, München.

© 2009 GRÄFE UND UNZER VERLAG GmbH, München
Alle Rechte vorbehalten. Nachdruck, auch auszugsweise, sowie Verbreitung durch Film, Funk, Fernsehen und Internet, durch fotomechanische Wiedergabe, Tonträger und Datenverarbeitungssysteme jeder Art nur mit schriftlicher Genehmigung des Verlags.

Programmleitung: Christof Klocker
Leitende Redaktion: Anita Zellner
Redaktion und Konzeption: Angelika Holdau
Lektorat: Sonnhild Bischoff
Bildredaktion: Daniela Laußer
Umschlaggestaltung und Layout: independent Medien-Design, München
Produktion: Gloria Pall
Satz: Bernd Walser Buchproduktion, München
Reproduktion: Wahl Media, München
Druck: Firmengruppe APPL, aprinta druck, Wemding
Bindung: Firmengruppe APPL, m.appl, Monheim
Printed in Germany

ISBN 978-3-8338-1524-9

2. Auflage 2009

Ein Unternehmen der
GANSKE VERLAGSGRUPPE

### Unsere Garantie
Alle Informationen in diesem Ratgeber sind sorgfältig und gewissenhaft geprüft. Sollte dennoch einmal ein Fehler enthalten sein, schicken Sie uns das Buch mit dem entsprechenden Hinweis an unseren Leserservice zurück. Wir tauschen Ihnen den GU-Ratgeber gegen einen anderen zum gleichen oder ähnlichen Thema um.

### Liebe Leserin und lieber Leser,
wir freuen uns, dass Sie sich für ein GU-Buch entschieden haben. Mit Ihrem Kauf setzen Sie auf die Qualität, Kompetenz und Aktualität unserer Ratgeber. Dafür sagen wir Danke! Wir wollen als führender Ratgeberverlag noch besser werden. Daher ist uns Ihre Meinung wichtig. Bitte senden Sie uns Ihre Anregungen, Ihre Kritik oder Ihr Lob zu unseren Büchern. Haben Sie Fragen oder benötigen Sie weiteren Rat zum Thema? Wir freuen uns auf Ihre Nachricht!

**Wir sind für Sie da!**
Montag–Donnerstag: 8.00 – 18.00 Uhr;
Freitag: 8.00 – 16.00 Uhr
Tel.: 0180-5 00 50 54*
Fax: 0180-5 01 20 54*
E-Mail: leserservice@graefe-und-unzer.de

*(0,14 €/Min. aus dem dt. Festnetz/ Mobilfunkpreise können abweichen)

**P.S.:** Wollen Sie noch mehr Aktuelles von GU wissen, dann abonnieren Sie doch unseren kostenlosen GU-Online-Newsletter und/oder unsere kostenlosen Kundenmagazine.

**GRÄFE UND UNZER VERLAG**
Leserservice
Postfach 86 03 13
81630 München